보험계리사

1차 | 한권으로 끝내기

3권 보험수학

SD에듀
㈜시대고시기획

목차

제3편　보험수학

보험계리사 1차

www.sdedu.co.kr

제1편

일반수학

보험계리사 1차

www.sdedu.co.kr

01 방정식과 부등식

1. 방정식

(1) 유리방정식

① 이차방정식

㉠ 이차방정식의 해법 : 이차방정식이란 (x에 대한 이차식)$=0$ 꼴로 나타나는 방정식이다. 일반적으로 x에 대한 이차방정식은 $ax^2+bx+c=0$ (a, b, c는 수, $a \neq 0$)와 같이 나타낼 수 있다.

- 인수분해가 가능한 경우 아래 성질을 이용하여 해를 구한다. 두 수 또는 두 식 A, B에 대하여, $A=0$ 또는 $B=0$ $\Leftrightarrow$ $AB=0$이다.

- 인수분해가 불가능한 경우 근의 공식을 이용하여 해를 구한다.

$$x = \frac{-b \pm \sqrt{b^2-4ac}}{2a}, \ (단, \ b^2-4ac \geq 0)$$

㉡ 이차방정식의 판별식

이차방정식 $ax^2+bx+c=0$에서 $D=b^2-4ac$라고 할 때

- $D>0$이면 서로 다른 두 실근을 갖는다.
- $D=0$이면 중근을 갖는다.
- $D<0$이면 서로 다른 두 허근을 갖는다.

㉢ 이차방정식의 근과 계수의 관계

이차방정식 $ax^2+bx+c=0$의 두 근을 α, β라고 하면

- $\alpha+\beta=-\dfrac{b}{a}$

- $\alpha\beta=\dfrac{c}{a}$

② 삼차방정식

㉠ 삼차방정식의 해법 : 삼차방정식이란 (x에 대한 삼차식)$=0$ 꼴로 나타나는 방정식이다. 일반적으로 인수분해를 이용하여 삼차방정식의 해를 구한다.

㉡ 삼차방정식의 근과 계수와의 관계

삼차방정식 $ax^3+bx^2+cx+d=0$의 세 근을 α, β, γ라 하면

- $\alpha+\beta+\gamma=-\dfrac{b}{a}$

- $\alpha\beta+\alpha\gamma+\beta\gamma=\dfrac{c}{a}$

- $\alpha\beta\gamma=-\dfrac{d}{a}$

③ 분수방정식

　ⓐ 분수방정식 : 분수방정식이란 미지수 x가 분모에 들어가 있는 형태의 방정식이다.

　ⓑ 무연근 : 분수방정식을 다항방정식 형태로 변형하여 해를 구했을 때 분수방정식의 분모가 0이 되게 하는 x의 값을 무연근이라 한다.

　ⓒ 분수방정식의 해법

　　• 분모의 최소공배수를 양변에 곱하여 다항방정식으로 고친다.

　　• 위의 방정식을 푼다.

　　• 구한 근 중에서 무연근을 제외한 나머지 근을 분수방정식의 근으로 한다.

(2) 무리방정식

① **무리방정식** : 무리방정식이란 미지수 x에 대한 무리식을 포함한 형태의 방정식이다.

② **무연근** : 무리방정식을 다항방정식 형태로 변형하여 해를 구했을 때 양변을 제곱하는 과정에서 기존 방정식의 등식을 만족하지 않는 근을 무연근이라 한다.

③ **무리방정식의 해법**

　ⓐ 무리방정식을 적당히 변형한 후 양변을 제곱하여 다항방정식을 고친다.

　ⓑ 위의 방정식을 푼다.

　ⓒ 구한 근 중에서 무연근을 제외한 나머지 근을 무리방정식의 근으로 한다.

(3) 연립방정식

① **연립일차방정식**

　ⓐ 연립일차방정식의 해법 : 미지수가 2개인 두 일차방정식을 한 쌍으로 묶어서 나타낸 것을 연립방정식 이라고 하고 이 두 방정식의 공통의 해를 연립방정식의 해라 한다. 두 식을 적당히 더하거나 빼서 미지수의 개수를 하나로 줄인 후 해를 구하거나 두 미지수 중 하나의 문자에 대해서 식을 정리한 후 다른 식에 대입하여 해를 구한다.

　ⓑ 연립일차방정식의 근의 개수

$$\begin{cases} ax+by+c=0 \\ a'x+b'y+c'=0 \end{cases} \text{에서}$$

　　• $\dfrac{a}{a'} \ne \dfrac{b}{b'}$ 일 때 : 한 쌍의 근이 존재한다.

　　• $\dfrac{a}{a'} = \dfrac{b}{b'} = \dfrac{c}{c'}$ 일 때 : 해가 무수히 많다 (부정)

　　• $\dfrac{a}{a'} = \dfrac{b}{b'} \ne \dfrac{c}{c'}$ 일 때 : 해가 없다 (불능)

② **연립이차방정식** : 미지수가 2개인 연립방정식에서 차수가 가장 높은 방정식이 이차방정식일 때, 이 연립방정식을 연립이차방정식이라고 한다.

　ⓐ 일차방정식과 이차방정식으로 이루어진 연립이차방정식 : 일차방정식을 한 미지수에 대하여 정리하고, 이것을 이차방정식에 대입하여 푼다.

　ⓑ 두 이차방정식으로 이루어진 연립이차방정식 : 인수분해를 이용하여 일차방정식과 이차방정식으로 이루어진 연립방정식으로 바꾸어 푼다.

2. 부등식

(1) 여러 가지 부등식

① **일차부등식** : 부등식이란 부등호 $<$, $>$, $\leq$, $\geq$를 사용하여 수 또는 식 사이의 대소 관계를 나타낸 식을 의미한다. 일차부등식은 (일차식)< 0, (일차식)> 0, (일차식)≤ 0, (일차식)≥ 0 중에서 어느 하나의 꼴로 나타내는 부등식이다.

부등식의 기본 성질을 이용하여 $x <$(수), $x >$(수), $x \leq$(수), $x \geq$(수) 중 어느 하나의 꼴로 정리하여 해를 나타낼 수 있다.

더 알아보기 | 부등식의 기본 성질

세 실수 a, b, c에 대하여
① $a>b$, $b>c$일 때, $a>c$이다.
② $a>b$일 때, $a+c>b+c$, $a-c>b-c$이다.
③ $a>b$, $c>0$일 때, $ac>bc$, $\dfrac{a}{c}>\dfrac{b}{c}$이다.
④ $a>b$, $c<0$일 때, $ac<bc$, $\dfrac{a}{c}<\dfrac{b}{c}$이다.

---

② 부등식의 성질

㉠ $a > b \Leftrightarrow \dfrac{1}{a} < \dfrac{1}{b}$ (단, a, b는 같은 부호이다)

㉡ $a > b \Leftrightarrow a^2 > b^2$ (단, $a > 0$, $b > 0$이다)

㉢ $a > b \Leftrightarrow a^3 > b^3$ (a, b의 부호에 상관없다)

㉣ $|x| < a \ (a > 0) \Leftrightarrow -a < x < a$

㉤ $|x| \geq a \ (a > 0) \Leftrightarrow x \leq -a$ 또는 $x \geq a$

③ 이차부등식

㉠ 이차부등식 : 부등식에서 모든 항을 좌변으로 이항하였을 때 좌변이 x에 대한 이차식으로 나타내어지는 부등식을 x에 대한 이차부등식이라고 한다.

㉡ 이차부등식의 해법

이차함수 $y = ax^2 + bx + c\,(a > 0)$ 그래프가 x축과 서로 다른 두 점 $(\alpha,\, 0)$, $(\beta,\, 0)$에서 만나는 경우 다음과 같이 이차부등식의 해를 구할 수 있다.

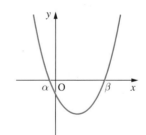

- $ax^2 + bx + c > 0$의 해는 $x < \alpha$ 또는 $x > \beta$이다.
- $ax^2 + bx + c < 0$의 해는 $\alpha < x < \beta$이다.
- $ax^2 + bx + c \geq 0$의 해는 $x \leq \alpha$ 또는 $x \geq \beta$이다.
- $ax^2 + bx + c \leq 0$의 해는 $\alpha \leq x \leq \beta$이다.

이차함수의 그래프가 x축과 한 점에서 만나거나 만나지 않는 경우에는 해가 존재하지 않거나 모든 실수이다.

④ 연립부등식

    ㉠ 미지수가 1개인 연립일차부등식

        • 미지수가 1개인 일차부등식 두 개를 한 쌍으로 묶어 나타낸 것을 연립부등식이라 하고 두 부등식의 공통인 해를 연립부등식의 해라고 한다.

        • $A < B < C$ 꼴로 나타난 부등식은 연립부등식 $\begin{cases} A < B \\ B < C \end{cases}$의 꼴로 고쳐서 푼다.

    ㉡ 연립이차부등식

        연립부등식에서 차수가 가장 높은 부등식이 이차부등식일 때, 이 연립부등식을 연립이차부등식이라고 한다. 다음 예시와 같이 각 부등식의 공통인 범위가 해가 된다.

        [예문] $\begin{cases} x^2 - 2x \geq 0 \\ x^2 - 2x - 3 < 0 \end{cases}$ 의 해는?

        [풀이] $x(x-2) \geq 0$에서 $x \leq 0$ 또는 $x \geq 2$, $(x+1)(x-3) < 0$에서 $-1 < x < 3$

        공통 범위를 수직선 위에 나타내어 구하면 해는 $-1 < x \leq 0$ 또는 $2 \leq x < 3$이 된다.

(2) 분수부등식

① 분수부등식 : 부등식의 모든 항을 좌변으로 이항하여 $f(x) < 0$, $f(x) > 0$, $f(x) \leq 0$, $f(x) \geq 0$의 꼴로 정리하였을 때, $f(x)$가 x에 대한 분수식이면 이 부등식을 분수부등식이라 한다.

    [참고] 분수식이란 다항식 $p(x)$, $q(x)$에 대하여 $\dfrac{p(x)}{q(x)}$ 꼴로 나타낼 수 있는 식을 뜻한다.

② 분수부등식의 해법

    ㉠ 주어진 분수부등식을 다음과 같은 꼴로 만든다.

        $\dfrac{f(x)}{g(x)} < 0$, $\dfrac{f(x)}{g(x)} > 0$, $\dfrac{f(x)}{g(x)} \leq 0$, $\dfrac{f(x)}{g(x)} \geq 0$

    ㉡ 양변에 $\{g(x)\}^2$을 곱하여 얻은 부등식의 해를 구한다.

    ㉢ ㉡에서 구한 해에서 $g(x) = 0$을 만족하는 x의 값은 제외한다.

(3) 무리부등식

① 무리부등식 : 미지수를 포함하는 무리식으로 이루어진 부등식을 무리부등식이라 한다.

② 무리부등식의 해법

    ㉠ 주어진 무리부등식을 다음과 같은 꼴로 만든다.

        $\sqrt{f(x)} < g(x)$, $\sqrt{f(x)} \leq g(x)$

    ㉡ 양변을 제곱하여 얻은 부등식의 해를 구한다.

    ㉢ ㉡에서 구한 해와 $f(x) \geq 0$을 동시에 만족하는 x의 범위를 조사하여 주어진 부등식의 해를 구한다.

3. 도형의 방정식

(1) 평면좌표

① 두 점 사이의 거리

ㄱ 좌표평면 위의 두 점 사이의 거리

좌표평면 위의 두 점 $A(x_1, y_1)$, $B(x_2, y_2)$ 사이의 거리는 $\overline{AB} = \sqrt{(x_2-x_1)^2 + (y_2-y_1)^2}$ 이다.

ㄴ 좌표공간에서 두 점 사이의 거리

좌표공간에서 두 점 $A(x_1, y_1, z_1)$, $B(x_2, y_2, z_2)$ 사이의 거리는

$\overline{AB} = \sqrt{(x_2-x_1)^2 + (y_2-y_1)^2 + (z_2-z_1)^2}$ 이다.

② 선분의 내분점과 외분점

ㄱ 좌표평면 위의 선분

두 점 $A(x_1, y_1)$, $B(x_2, y_2)$를 이은 선분 AB를 $m:n(m>0, n>0)$으로 내분하는 점 P와 외분하는 점 Q의 좌표는 각각

$P\left(\dfrac{mx_2+nx_1}{m+n}, \dfrac{my_2+ny_1}{m+n}\right)$, $Q\left(\dfrac{mx_2-nx_1}{m-n}, \dfrac{my_2-ny_1}{m-n}\right)$이다. (단, $m \neq n$)

ㄴ 공간좌표 위의 선분

좌표공간에서 두 점 $A(x_1, y_1, z_1)$, $B(x_2, y_2, z_2)$를 이은 선분 AB를 $m:n(m>0, n>0)$으로 내분하는 점 P와 외분하는 점 Q는 각각 $P\left(\dfrac{mx_2+nx_1}{m+n}, \dfrac{my_2+ny_1}{m+n}, \dfrac{mz_2+nz_1}{m+n}\right)$,

$Q\left(\dfrac{mx_2-nx_1}{m-n}, \dfrac{my_2-ny_1}{m-n}, \dfrac{mz_2-nz_1}{m-n}\right)$이다. (단, $m \neq n$)

(2) 직선의 방정식

① 직선의 방정식

ㄱ 한 점과 기울기를 알 때

점 $A(x_1, y_1)$을 지나고 기울기가 m인 직선의 방정식은 $y-y_1 = m(x-x_1)$이다.

ㄴ 두 점을 지나는 직선의 방정식

서로 다른 두 점 $A(x_1, y_1)$, $B(x_2, y_2)$를 지나는 직선의 방정식은

• $x_1 \neq x_2$일 때, $y-y_1 = \dfrac{y_2-y_1}{x_2-x_1}(x-x_1)$

• $x_1 = x_2$일 때 $x = x_1$

② 두 직선의 위치관계

두 직선 $ax+by+c=0$, $a'x+b'y+c'=0$의 위치관계는 다음과 같다.

ㄱ 한 점에서 만나는 조건

$\dfrac{a'}{a} \neq \dfrac{b'}{b}$

ⓛ 일치 조건

$$\frac{a'}{a} = \frac{b'}{b} = \frac{c'}{c}$$

ⓒ 평행 조건

$$\frac{a'}{a} = \frac{b'}{b} \neq \frac{c'}{c}$$

ⓔ 수직 조건

$$aa' + bb' = 0$$

③ 점과 직선 사이의 거리

점 (x_1, y_1)에서 직선 $ax + by + c = 0$에 이르는 거리는 $d = \dfrac{|ax_1 + by_1 + c|}{\sqrt{a^2 + b^2}}$이다.

(3) 원의 방정식

① 원의 방정식

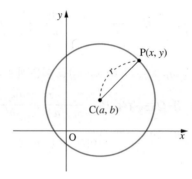

ⓐ 표준형 : 점 (a, b)가 중심이고 반지름의 길이가 r인 원의 방정식은 $(x-a)^2 + (y-b)^2 = r^2$이다.

ⓑ 일반형 : 원의 방정식을 일반형으로 나타내면 $x^2 + y^2 + Ax + By + C = 0$(단, $A^2 + B^2 - 4C > 0$)

② 원과 직선의 위치 관계

ⓐ 위치 관계

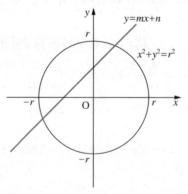

원 $x^2 + y^2 = r^2$과 직선 $y = mx + n$의 교점을 구하는 식을 $(m^2 + 1)x^2 + 2mnx + n^2 - r^2 = 0$이라 하면 이 이차방정식의 판별식을 통해 실근의 개수를 구할 수 있고 이는 원과 직선의 교점의 개수를 나타낸다.

- $D > 0$: 서로 다른 두 점에서 만난다.
- $D = 0$: 한 점에서 만난다(접한다).
- $D < 0$: 만나지 않는다.

 ⓒ 원의 접선의 방정식
- 기울기를 알 때

 원 $x^2 + y^2 = r^2$에 접하고 기울기가 m인 접선의 방정식은 $y = mx + r\sqrt{m^2 + 1}$ 이다.
- 한 점을 지나는 원

 원 $x^2 + y^2 = r^2$위의 점 $P(x_1,\ y_1)$을 지나는 접선의 방정식은 $x_1x + y_1y = r^2$이다.

(4) 도형의 이동

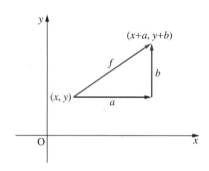

① 평행이동

 좌표평면 위의 점 $(x,\ y)$를 x축의 방향으로 a만큼, y축의 방향으로 b만큼 평행이동한 좌표를 $(x+a,\ y+b)$라 한다. 점 $(x,\ y)$를 점 $(x+a,\ y+b)$에 대응시키는 변환을 다음과 같이 나타낸다.

$$f : (x,\ y) \rightarrow (x+a,\ y+b)$$

방정식 $f(x,\ y) = 0$이 나타내는 도형을 x축의 방향으로 a만큼, y축의 방향으로 b만큼 평행이동한 도형의 방정식은 $f(x-a,\ y-b) = 0$

② 대칭이동

 ⓒ 점의 대칭이동
- x축에 대칭 : $(x,\ y) \rightarrow (x,\ -y)$
- y축에 대칭 : $(x,\ y) \rightarrow (-x,\ y)$
- 원점에 대칭 : $(x,\ y) \rightarrow (-x,\ -y)$
- $y = x$에 대칭 : $(x,\ y) \rightarrow (y,\ x)$

 ⓒ 도형의 대칭이동
- x축에 대칭 : $f(x,\ y) = 0 \rightarrow f(x,\ -y) = 0$
- y축에 대칭 : $f(x,\ y) = 0 \rightarrow f(-x,\ y) = 0$
- 원점에 대칭 : $f(x,\ y) = 0 \rightarrow f(-x,\ -y) = 0$
- $y = x$에 대칭 : $f(x,\ y) = 0 \rightarrow f(y,\ x) = 0$

02 | 행렬과 행렬식

1. 행렬

(1) 가우스 소거법

연립방정식의 연산과 행렬의 관계를 이용하여 연립방정식의 해를 구하는 과정을 가우스 소거법이라 한다.

	연립방정식의 연산	행렬의 행에 대한 연산
1	두 방정식의 위치를 서로 교환한다.	두 행의 위치를 바꾼다.
2	방정식의 양변에 0이 아닌 상수를 곱한다.	행에 0이 아닌 상수를 곱한다.
3	한 방정식의 양변에 적당한 수를 곱하여 다른 방정식에 더한다.	한 행에 적당한 수를 곱하여 다른 행에 더한다.

(2) 기본행렬

기본행렬이란 단위행렬에 기본행연산을 한번 한 행렬이다. 기본행연산이란 두 행을 바꾸거나 행에 실수배하는 연산을 뜻한다.

(3) 역행렬

같은 꼴의 정사각행렬 A와 단위행렬 E에 대하여 $AX = XA = E$를 만족하는 행렬 X가 존재할 때, X를 행렬 A의 역행렬이라 하고 기호로 A^{-1}과 같이 나타낸다.

(4) 단위행렬

단위행렬이란 주 대각 원소가 1이고 나머지 원소들은 모두 0인 대각행렬을 의미한다.

예 $E = \begin{pmatrix} 1 & 0 & 0 \\ 0 & 1 & 0 \\ 0 & 0 & 1 \end{pmatrix}$

2. 행렬식

(1) 행렬식

이차정사각행렬 $A = \begin{pmatrix} a & b \\ c & d \end{pmatrix}$에 대하여 $ad - bc$를 행렬 A의 행렬식이라 하고 이를 $\det A$ 또는 $|A|$로 나타낸다.

(2) 행렬식의 성질

① $\det\begin{pmatrix} ka & kb \\ c & d \end{pmatrix} = k\det\begin{pmatrix} a & b \\ c & d \end{pmatrix}$, $\det\begin{pmatrix} a & b \\ kc & kd \end{pmatrix} = k\det\begin{pmatrix} a & b \\ c & d \end{pmatrix}$

② $\det\begin{pmatrix} a+e & b+f \\ c & d \end{pmatrix} = \det\begin{pmatrix} a & b \\ c & d \end{pmatrix} + \det\begin{pmatrix} e & f \\ c & d \end{pmatrix}$, $\det\begin{pmatrix} a & b \\ c+e & d+f \end{pmatrix} = \det\begin{pmatrix} a & b \\ c & d \end{pmatrix} + \det\begin{pmatrix} a & b \\ e & f \end{pmatrix}$

③ $\det\begin{pmatrix} c & d \\ a & b \end{pmatrix} = -\det\begin{pmatrix} a & b \\ c & d \end{pmatrix}$

④ $\det(AB) = \det A \times \det B$

3. 고윳값과 행렬의 대각화

(1) 고윳값

① 고윳값과 고유벡터

n차정사각행렬 A와 벡터 $\vec{x} = \begin{pmatrix} x_1 \\ x_2 \\ \vdots \\ x_n \end{pmatrix}$에 대하여 연립일차방정식 $A\vec{x} = \lambda\vec{x}$가 $\vec{0}$가 아닌 해 $\vec{x} = \vec{v}$를 가질

때, 실수 λ를 정사각행렬 A의 고윳값, $\vec{v}$를 고윳값 λ에 대응하는 A의 고유벡터라 한다.

② 특성다항식

A가 n차정사각행렬일 때, 'λ가 A의 고윳값이다'의 필요충분조건은 'λ가 $\det(A-\lambda E) = 0$의 해가 된다'이다. 이때 n차 다항식 $\det(A-\lambda E)$를 행렬 A의 특성다항식이라 한다.

(2) 대각화

① 대각행렬 : 대각행렬이란 주대각선 상에 위치한 원소가 아닌 나머지가 0인 행렬을 말한다.

$\boxed{\text{예}}$ $D = \begin{pmatrix} a & 0 & 0 \\ 0 & b & 0 \\ 0 & 0 & c \end{pmatrix}$

② 대각화

정사각행렬 A가 대각행렬 D와 역행렬을 갖는 행렬 P에 대하여 $P^{-1}AP = D$를 만족하면 행렬 A는 대각화 가능하다고 하고, 여기서 행렬 A를 행렬 PDP^{-1}의 꼴로 나타내는 것을 대각화한다라고 한다.

4. 일차변환

(1) 일차변환

① 일차변환

좌표평면 위의 변환 $f : (x, y) \rightarrow (x', y')$이 $\begin{cases} x' = ax + by \\ y' = cx + dy \end{cases}$ (단, a, b, c, d는 상수)의 꼴로 나타내어질

때, 이러한 변환 f를 좌표평면에서의 일차변환이라 한다.

$\begin{pmatrix} x' \\ y' \end{pmatrix} = \begin{pmatrix} a & b \\ c & d \end{pmatrix} \begin{pmatrix} x \\ y \end{pmatrix}$ 에서 $X' = \begin{pmatrix} x' \\ y' \end{pmatrix}$, $A = \begin{pmatrix} a & b \\ c & d \end{pmatrix}$, $X = \begin{pmatrix} x \\ y \end{pmatrix}$ 라 하면 $X' = AX$ 와 같이 나타낼 수 있고

$f : X \rightarrow X'$ 또는 $f(X) = AX$ 이다. A를 일차변환 f의 행렬이라 한다.

② 일차변환의 성질

좌표평면에서의 일차변환 f와 임의의 두 열벡터 X_1, X_2에 대하여

㉠ $f(kX_1) = kf(X_1)$ (단, k는 실수)

㉡ $f(X_1 + X_2) = f(X_1) + f(X_2)$

③ 일차변환의 종류

㉠ 대칭변환

[대칭변환을 나타내는 행렬]

대칭변환	x축	y축	원점	직선$y = x$
변환식	$\begin{cases} x' = x \\ y' = -y \end{cases}$	$\begin{cases} x' = -x \\ y' = y \end{cases}$	$\begin{cases} x' = -x \\ y' = -y \end{cases}$	$\begin{cases} x' = y \\ y' = x \end{cases}$
변환을 나타내는 행렬	$\begin{pmatrix} 1 & 0 \\ 0 & -1 \end{pmatrix}$	$\begin{pmatrix} -1 & 0 \\ 0 & 1 \end{pmatrix}$	$\begin{pmatrix} -1 & 0 \\ 0 & -1 \end{pmatrix}$	$\begin{pmatrix} 0 & 1 \\ 1 & 0 \end{pmatrix}$

㉡ 닮음변환 : 좌표평면에서 k가 0이 아닌 실수일 때, 원점을 닮음의 중심으로 하고 닮음비가 k인 닮음변환을 나타내는 행렬은 $\begin{pmatrix} k & 0 \\ 0 & k \end{pmatrix}$ 이다.

㉢ 회전변환 : 좌표평면에서 원점을 중심으로 각 θ만큼 회전하는 일차변환을 나타내는 행렬은 $\begin{pmatrix} \cos\theta & -\sin\theta \\ \sin\theta & \cos\theta \end{pmatrix}$ 이다.

㉣ 역변환 : 일차변환 f를 나타내는 행렬이 A일 때, 행렬 A의 역행렬 A^{-1}이 존재하면 f의 역변환 f^{-1}는 일차변환이고, f^{-1}를 나타내는 행렬은 A^{-1}이다.

03 | 함수

1. 함수

(1) 함수

① 함수의 정의 : 두 집합 X, Y에 대하여 X의 각 원소에 Y의 원소가 오직 하나씩 대응하는 관계를 X에서 Y로의 함수라 하고, 기호로 $f : X \to Y$와 같이 나타낸다.

② 항등함수와 상수함수

함수 $f : X \to X$에서 X의 임의의 원소 x에 대하여 $f(x) = x$이면 f를 항등함수라 하고 $f : X \to Y$에서 집합 X의 모든 원소가 집합 Y의 원소 오직 하나에만 대응할 때, f를 상수함수라고 한다.

(2) 합성함수

① 합성함수

두 함수 $f : X \to Z$, $g : Z \to Y$의 합성함수는 $g \circ f : X \to Y$, $(g \circ f)(x) = g(f(x))$이다.

② 합성함수의 성질

합성이 가능한 세 함수 f, g, h에 대하여

㉠ $g \circ f \neq f \circ g$이다. (교환법칙이 성립되지 않는다)

㉡ $(h \circ g) \circ f = h \circ (g \circ f)$이다. (결합법칙이 성립한다)

㉢ $f \circ I = I \circ f = f$(단, I는 항등함수)

(3) 역함수

① 역함수

㉠ 역함수와 그 성질

함수 $f : X \to Y$가 일대일대응이면 Y의 각 원소 y에 대하여 $y = f(x)$인 X의 원소 x가 오직 하나 존재한다. 이때 Y의 각 원소 y에 $y = f(x)$인 X의 원소 x를 대응시켜 Y를 정의역, X를 공역으로 하는 새로운 함수를 f의 역함수라 하고 기호로 $f^{-1} : Y \to X$, $x = f^{-1}(y)$로 나타낸다. 역함수의 성질은 다음과 같다.

- $f(a) = b \Leftrightarrow f^{-1}(b) = a$
- $(f^{-1})^{-1} = f$
- $f^{-1} \circ f = f \circ f^{-1} = I$ (단, I는 항등함수)
- $(g \circ f)^{-1} = f^{-1} \circ g^{-1}$

ⓛ 역함수를 구하는 방법

함수 $y=f(x)$가 일대일대응일 때, 역함수 $y=f^{-1}(x)$는 다음과 같이 구한다.

• $y=f(x)$를 x에 대하여 푼다.

• $x=f^{-1}(y)$의 꼴에서 x와 y를 서로 바꾼다.

• 위 식을 정리하여 $y=f^{-1}(x)$과 같이 나타낸다.

ⓒ 역함수의 그래프

함수 $y=f(x)$의 그래프와 그 역함수 $y=f^{-1}(x)$의 그래프는 직선 $y=x$에 대하여 대칭이다.

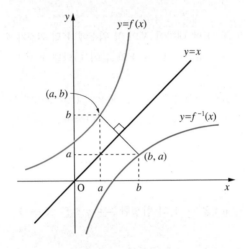

2. 유리함수와 무리함수

(1) 다항함수

① 일차함수의 그래프

ⓐ 일차함수 $y=ax+b$ $(a\neq0)$는 기울기가 a이고 y절편이 b인 직선이다.

ⓛ 일차함수 $y-y_1=a(x-x_1)$ $(a\neq0)$는 기울기가 a이고 점 $(x_1,\ y_1)$을 지나는 직선이다.

② 이차함수의 그래프

ⓐ 기본형 $y=ax^2$ $(a\neq0)$

ⓛ 표준형 $y=a(x-p)^2+q$: 기본형의 그래프를 x축, y축의 방향으로 각각 p, q만큼 평행이동한 그래프이다.

ⓒ 일반형 $y=ax^2+bx+c$ $(a\neq0)$: 완전제곱식 꼴로 고치면 표준형으로 나타낼 수 있다.

(2) 유리함수

① 유리함수

함수 $y = f(x)$에서 $f(x)$가 x에 대한 유리식일 때, 이 함수를 유리함수라고 한다.

[참고] 두 다항식 A, B $(B \neq 0)$에 대하여 $\dfrac{A}{B}$의 꼴로 나타내어지는 식을 유리식이라 한다.

[예] $y = 2x^2 + x + 1$, $y = \dfrac{2}{3x-1}$은 유리함수라 할 수 있다.

② 유리함수의 그래프

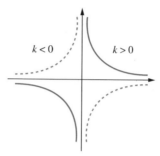

㉠ 유리함수 $y = \dfrac{k}{x}$ $(k \neq 0)$의 그래프는 다음과 같은 특징을 가지고 있다.

- 정의역과 치역은 0이 아닌 실수 전체의 집합이다.
- $k > 0$이면 그래프는 제1사분면, 제3사분면에 있고 $k < 0$이면 그래프는 제2사분면, 제4사분면에 있다.
- 원점에 대하여 대칭이다.
- 점근선은 x축과 y축이다.

㉡ 유리함수 $y = \dfrac{k}{x-p} + q$ $(k \neq 0)$의 그래프는 다음과 같은 특징을 가지고 있다.

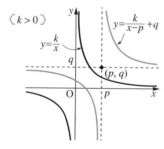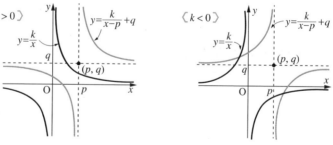

- $y = \dfrac{k}{x}$의 그래프를 x축, y축 방향으로 각각 p, q만큼 평행이동한 그래프이다.
- 정의역은 $\{x | x \neq p$인 실수$\}$, 치역은 $\{y | y \neq q\}$인 실수이다.
- 점근선은 두 직선 $x = p$, $y = q$이다.
- 일반형 $y = \dfrac{ax+b}{cx+d}$ $(ad - bc \neq 0,\ c \neq 0)$를 표준형 $y = \dfrac{k}{x-p} + q$ $(k \neq 0)$의 꼴로 변환하여 그린다.

(3) 무리함수

① 무리함수 : 함수 $y = f(x)$에서 $f(x)$가 x에 대한 무리식일 때, 이 함수를 무리함수라고 한다.

　[참고] 식을 정리하였을 때, 근호 안에 문자가 포함된 식 중에서 유리식으로 나타낼 수 없는 식을 무리식이
　　　　라고 한다.

　[예] $y = \sqrt{x}$, $y = \sqrt{3x-1}$ 은 무리함수라 할 수 있다.

② 무리함수의 그래프

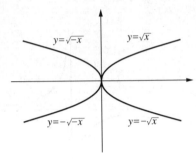

　⊙ 무리함수 $y = \sqrt{ax}$ $(a \neq 0)$의 그래프
　　• $a > 0$이면 그래프는 제1사분면, $a < 0$이면 그래프는 제2사분면에 있다.
　⊙ 무리함수 $y = -\sqrt{ax}$ $(a \neq 0)$의 그래프
　　• $a > 0$이면 그래프는 제4사분면, $a < 0$이면 그래프는 제3사분면에 있다.
　⊙ 무리함수 $y = \sqrt{a(x-p)} + q$ $(a \neq 0)$의 그래프
　　• $y = \sqrt{ax}$ 의 그래프를 x축, y축 방향으로 각각 p, q만큼 평행이동한 것이다.

3. 지수함수와 로그함수

(1) 지수와 로그

① 지수법칙

$a > 0$, $b > 0$이고 m, n이 유리수일 때

　⊙ $a^m a^n = a^{m+n}$

　⊙ $a^m \div a^n = a^{m-n}$

　⊙ $\left(a^m\right)^n = a^{mn}$

　⊙ $(ab)^n = a^n b^n$

　⊙ $\left(\dfrac{a}{b}\right)^n = \dfrac{a^n}{b^n}$

② 거듭제곱근의 성질

$a>0$, $b>0$이고, m, n은 2 이상의 정수일 때(단, p는 양의 정수)

㉠ $\sqrt[n]{a}\,\sqrt[n]{b}=\sqrt[n]{ab}$ $\left(a^{\frac{1}{n}}b^{\frac{1}{n}}=(ab)^{\frac{1}{n}}\right)$

㉡ $\sqrt[n]{a^m}=(\sqrt[n]{a})^m$ $\left((a^m)^{\frac{1}{n}}=a^{\frac{m}{n}}=\left(a^{\frac{1}{n}}\right)^m\right)$

㉢ $\dfrac{\sqrt[n]{a}}{\sqrt[n]{b}}=\sqrt[n]{\dfrac{a}{b}}$ $\left(\dfrac{a^{\frac{1}{n}}}{b^{\frac{1}{n}}}=\left(\dfrac{a}{b}\right)^{\frac{1}{n}}\right)$

㉣ $\sqrt[m]{\sqrt[n]{a}}=\sqrt[mn]{a}$ $\left(\left(a^{\frac{1}{n}}\right)^{\frac{1}{m}}=a^{\frac{1}{mn}}\right)$

③ 로그의 뜻과 성질

㉠ 로그의 정의 : $a>0$, $a\neq1$, $N>0$일 때 $a^x=N \Leftrightarrow x=\log_a N$ (a를 로그의 밑, N을 진수라 한다)

㉡ 로그의 성질

$a>0$, $a\neq1$, $c\neq1$, $b>0$, $c>0$, $N>0$, $M>0$일 때,

• $\log_a 1=0$, $\log_a a=1$

• $\log_a MN=\log_a M+\log_a N$

• $\log_a \dfrac{M}{N}=\log_a M-\log_a N$

• $\log_a M^k=k\log_a M$ (단, k는 실수)

• $a^{\log_a b}=b$

• $\log_a b=\dfrac{\log_c b}{\log_c a}=\dfrac{\ln b}{\ln a}$

㉢ 상용로그 : $\log_{10} x$와 같이 10을 밑으로 하는 로그를 상용로그라 하고 $\log N$으로 나타낸다.

(2) 지수함수와 로그함수

① 지수함수

㉠ 지수함수 : $y=a^x(a>0$, $a\neq1)$를 a를 밑으로 하는 지수함수라 한다.

㉡ 지수함수의 그래프

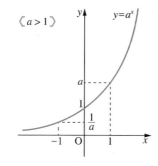
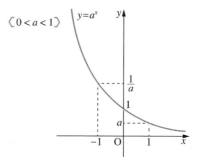

     ⓒ 지수함수의 성질
- 정의역은 실수 전체의 집합이고 치역은 양의 실수 전체의 집합이다.
- 일대일함수이다.
- $a > 1$이면 증가함수, $0 < a < 1$이면 감소함수이다.
- 그래프는 점 $(0, 1)$을 지나고, 그래프의 점근선은 x축이다.

② 로그함수
     ㉠ 로그함수

$y = \log_a x \,(a > 0,\ a \neq 1)$를 a를 밑으로 하는 로그함수라 한다.

     ㉡ 로그함수의 그래프

로그함수 $y = \log_a x$는 지수함수 $y = a^x$의 역함수이므로 $y = x$축에 대칭인 관계가 성립한다.

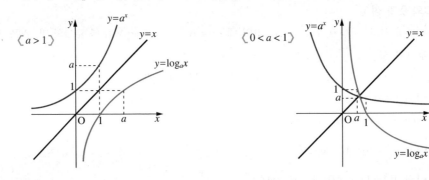

     ㉢ 로그함수의 성질
- 정의역은 양의 실수 전체의 집합이고, 치역은 실수 전체의 집합이다.
- 일대일함수이다.
- $a > 0$이면 증가함수, $0 < a < 1$이면 감소함수이다.
- 그래프는 점 $(1, 0)$을 지나고, 그래프의 점근선은 y축이다.

(3) 지수방정식과 로그방정식

① 지수방정식
     ㉠ $a^{f(x)} = a^{g(x)} \,(a > 0)$이면 $f(x) = g(x)$ 또는 $a = 1$이다.
     ㉡ $a^{f(x)} = b^{f(x)}$이면 $a = b$ 또는 $f(x) = 0$이다.
     ㉢ $f(a^x) = 0$이면 $a^x = t$로 놓고 $f(t) = 0$의 해 중 $t > 0$인 것을 구한 후 $a^x = t$에서 x를 구한다.
     ㉣ $a^{f(x)} = b^{g(x)}$일 때, 양변에 로그를 취한다.

② 로그방정식
     ㉠ $\log_a f(x) = \log_a g(x)$ 또는 $\log_a f(x) = b$의 꼴로 정리한 후

        $\log_a f(x) = \log_a g(x) \iff f(x) = g(x) > 0$

        $\log_a f(x) = b \iff f(x) = a^b,\ f(x) > 0$을 이용한다.

     ㉡ $\log_a f(x) = t$로 치환하여 푼다.
     ㉢ 지수에 로그가 포함되어 있을 때에는 양변에 로그를 취하여 푼다.

4. 삼각함수

(1) 삼각함수

① 삼각함수의 뜻

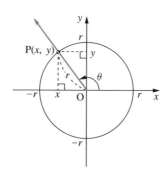

위 그림에서 동경 OP가 나타내는 각의 크기를 θ라고 하면 $\sin\theta = \dfrac{y}{r}$, $\cos\theta = \dfrac{x}{r}$, $\tan\theta = \dfrac{y}{x}$ (단, $x \neq 0$)

로 정의되는 함수를 θ에 대한 삼각함수라고 한다.

② 삼각함수의 그래프

ㄱ 사인함수의 그래프

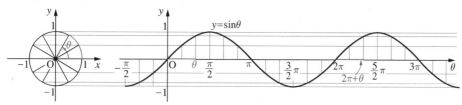

ㄴ 코사인함수의 그래프

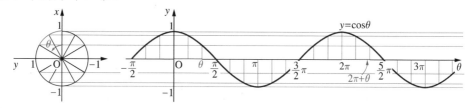

ㄷ 탄젠트함수의 그래프

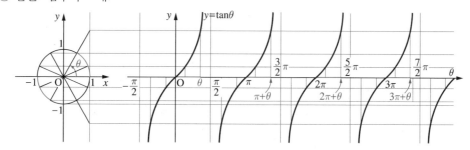

② 그래프 사이의 관계
- 함수 $y = \sin x$의 그래프를 x축의 방향으로 $-\pi$만큼 평행이동하면 함수 $y = -\sin x$의 그래프와 겹쳐진다. 즉 $\sin(\pi + x) = -\sin x$, $\sin(\pi - x) = \sin x$이다.
- 함수 $y = \cos x$의 그래프를 x축의 방향으로 $-\pi$만큼 평행이동하면 함수 $y = -\cos x$의 그래프와 겹쳐진다. 즉 $\cos(\pi + x) = -\cos x$, $\cos(\pi - x) = -\cos x$이다.

(2) 삼각함수의 성질

① 삼각함수의 상호 관계
- $\tan x = \dfrac{\sin x}{\cos x}$, $\csc x = \dfrac{1}{\sin x}$, $\sec x = \dfrac{1}{\cos x}$, $\cot x = \dfrac{1}{\tan x}$
- $\sin^2 x + \cos^2 x = 1$, $\tan^2 x + 1 = \sec^2 x$, $\cot^2 x + 1 = \csc^2 x$

② 삼각함수 공식
㉠ 덧셈정리
- $\sin(\alpha \pm \beta) = \sin\alpha\cos\beta \pm \cos\alpha\sin\beta$
- $\cos(\alpha + \beta) = \cos\alpha\cos\beta \mp \sin\alpha\sin\beta$

$$\tan(\alpha + \beta) = \frac{\tan\alpha + \tan\beta}{1 \mp \tan\alpha\tan\beta}$$

㉡ 배각공식
- $\sin 2\alpha = 2\sin\alpha\cos\alpha$
- $\cos 2\alpha = \cos^2\alpha - \sin^2\alpha$

$$= 2\cos^2\alpha - 1$$
$$= 1 - 2\sin^2\alpha$$

- $\tan 2\alpha = \dfrac{2\tan\alpha}{1 - \tan^2\alpha}$

㉢ 반각공식

$$\sin^2\frac{\alpha}{2} = \frac{1 - \cos\alpha}{2}, \quad \cos^2\frac{\alpha}{2} = \frac{1 + \cos\alpha}{2}, \quad \tan^2\frac{\alpha}{2} = \frac{1 - \cos\alpha}{1 + \cos\alpha}$$

㉣ 사인법칙

삼각형 ABC에서 외접원의 반지름의 길이를 R이라고 하면 $2R = \dfrac{a}{\sin A} = \dfrac{b}{\sin B} = \dfrac{c}{\sin C}$이다.

㉤ 코사인법칙

삼각형 ABC에서 $a^2 = b^2 + c^2 - 2bc\cos A$, $b^2 = c^2 + a^2 - 2ca\cos B$, $c^2 = a^2 + b^2 - 2ab\cos C$이다.

㉥ 삼각형의 넓이
- 두 변의 길이와 끼인각의 크기를 알 때, $\triangle ABC$의 넓이는

$$S = \frac{1}{2}bc\sin A = \frac{1}{2}ca\sin B = \frac{1}{2}ab\sin C$$

- 세 변의 길이를 알 때, $\triangle ABC$의 넓이는

$$S = \sqrt{s(s-a)(s-b)(s-c)} \quad (단, \ s = \frac{a+b+c}{2})$$

04 | 함수의 극한과 연속

1. 함수의 극한

(1) 함수의 극한

① 함수의 수렴과 발산

ㄱ 함수의 수렴 : 함수 $f(x)$에서 x의 값이 a가 아니면서 a에 한없이 가까워질 때, $f(x)$의 값이 일정한 값 α에 한없이 가까워지면 함수 $f(x)$는 α에 수렴한다고 한다. 이때 α를 $x=a$에서 함수 $f(x)$의 극한값이라 하고 기호로 $\lim\limits_{x \to a} f(x) = \alpha$라 나타낸다.

ㄴ 함수의 발산 : 함수 $f(x)$에서 x의 값이 a가 아니면서 a에 한없이 가까워질 때, $f(x)$의 값이 한없이 커지거나 작아지면 함수 $f(x)$는 각각 양의 무한대 또는 음의 무한대로 발산한다고 하고 이것을 기호로 $\lim\limits_{x \to a} f(x) = \infty$ 또는 $\lim\limits_{x \to a} f(x) = -\infty$라 한다.

② 우극한과 좌극한

ㄱ 우극한 : x가 a보다 큰 값을 가지면서, 한없이 가까워질 때, $f(x)$가 일정한 값 α에 가까워지는 것을 $\lim\limits_{x \to a+} f(x) = \alpha$로 나타내고 α를 $f(x)$의 우극한(값)이라고 한다.

ㄴ 좌극한 : x가 a보다 작은 값을 가지면서, 한없이 가까워질 때, $f(x)$가 일정한 값 β에 가까워지는 것을 $\lim\limits_{x \to a-} f(x) = \beta$로 나타내고 β를 $f(x)$의 좌극한(값)이라고 한다.

(2) 함수의 극한값의 계산

① 함수의 극한의 성질

두 함수 $f(x)$, $g(x)$에 대하여 $\lim\limits_{x \to a} f(x) = \alpha$, $\lim\limits_{x \to a} g(x) = \beta$ (α, β는 실수)일 때

ㄱ $\lim\limits_{x \to a} kf(x) = k\lim\limits_{x \to a} f(x) = k\alpha$ (단, k는 상수)

ㄴ $\lim\limits_{x \to a} \{f(x) \pm g(x)\} = \lim\limits_{x \to a} f(x) \pm \lim\limits_{x \to a} g(x) = \alpha \pm \beta$

ㄷ $\lim\limits_{x \to a} f(x)g(x) = \lim\limits_{x \to a} f(x) \times \lim\limits_{x \to a} g(x) = \alpha\beta$

ㄹ $\lim\limits_{x \to a} \dfrac{f(x)}{g(x)} = \dfrac{\lim\limits_{x \to a} f(x)}{\lim\limits_{x \to a} g(x)} = \dfrac{\alpha}{\beta}$ (단, $\beta \neq 0$)

② 함수의 극한값

　　㉠ 함수의 극한값의 계산

　　　• 다항함수의 극한값

　　　　$f(x)$가 다항함수일 때, $\lim\limits_{x\to a} f(x) = f(a)$

　　　• 부정형의 극한값

　　　　함수를 $\lim\limits_{x\to a}\dfrac{f(x)}{g(x)}$ 형태로 정리하였을 때 $\dfrac{f(a)}{g(a)} = \dfrac{0}{0}$, $\dfrac{\infty}{\infty}$ 꼴을 부정형이라 한다. $\dfrac{0}{0}$ 꼴은 인수분해,

　　　　무리식의 유리화 등을 통해 부정이 아닌 꼴로 변형하여 계산한다. $\dfrac{\infty}{\infty}$ 꼴은 분모의 최고차항으로

　　　　분모, 분자를 나누어 식을 적절히 변형한 다음 계산한다.

　　㉡ 지수함수와 로그함수의 극한

　　　• 무리수 e의 정의

　　　　$$\lim_{x\to 0}(1+x)^{\frac{1}{x}} = \lim_{x\to\infty}\left(1+\frac{1}{x}\right)^{x} = e$$

　　　• 자연로그

　　　　무리수 e를 밑으로 하는 로그 $\log_e x$를 자연로그라 하고 $\ln x$로 나타낸다.

　　　• 지수함수의 극한

　　　　$$\lim_{x\to 0}\frac{e^x - 1}{x} = 1, \ \lim_{x\to 0}\frac{a^x - 1}{x} = \ln a$$

　　　• 로그함수의 극한

　　　　$$\lim_{x\to 0}\frac{\ln(1+x)}{x} = 1, \ \lim_{x\to 0}\frac{\log_a(1+x)}{x} = \frac{1}{\ln a}$$

　　㉢ 삼각함수의 극한

　　　$$\lim_{x\to 0}\frac{\sin x}{x} = 1, \ \lim_{x\to 0}\frac{\tan x}{x} = 1, \ \lim_{x\to 0}\frac{1-\cos x}{x} = 0$$

2. 함수의 연속

(1) 함수의 연속

① 함수의 연속 : 함수 $f(x)$와 실수 a에 대하여 다음 세 가지 조건을 만족할 때, 함수 $f(x)$는 $x = a$에서
　연속이라 한다.

　㉠ $x = a$에서 함수값 $f(a)$가 존재

　㉡ 극한값 $\lim\limits_{x\to a} f(x)$가 존재

　㉢ $\lim\limits_{x\to a} f(x) = f(a)$

　(함수 $f(x)$가 위의 세 조건 중 어느 하나라도 만족시키지 않으면 $f(x)$는 $x = a$에서 불연속)

② **연속함수** : 어떤 구간에서 연속인 함수를 그 구간에서 연속함수라 한다. 구간은 다음과 같이 나타낼 수 있다.

　㉠ 열린구간 : 집합 $\{x | a < x < b\}$를 (a, b)로 나타낸다.

　㉡ 닫힌구간 : 집합 $\{x | a \leq x \leq b\}$를 $[a, b]$로 나타낸다.

　㉢ 반열린(반닫힌)구간 : 집합 $\{x | a < x \leq b\}$를 $(a, b]$로 나타내고 집합 $\{x | a \leq x < b\}$를 $[a, b)$로 나타낸다.

(2) 연속함수의 성질

① **연속함수의 성질** : 두 함수 $f(x)$, $g(x)$가 $x = a$에서 연속이면 다음 함수도 $x = a$에서 연속이다.

　㉠ $kf(x)$ (단, k는 상수)

　㉡ $f(x) \pm g(x)$

　㉢ $f(x)g(x)$

　㉣ $\dfrac{f(x)}{g(x)}$ (단, $g(a) \neq 0$)

　㉤ $(f \circ g)(x)$ (단, $g(x)$의 치역이 $f(x)$의 정의역에 포함될 때)

② **최댓값, 최솟값의 정리** : 닫힌구간 $[a, b]$에서 $f(x)$가 연속이면 $f(x)$는 이 구간에서 반드시 최댓값과 최솟값을 갖는다.

③ **중간값의 정리** : 함수 $f(x)$가 닫힌구간 $[a, b]$에서 연속이고 $f(x) \neq f(b)$일 때, $f(a)$와 $f(b)$ 사이에 임의의 값 k에 대하여, $f(c) = k$인 c가 열린구간 (a, b)안에 적어도 하나 존재한다.

05 | 미분

1. 미분계수와 도함수

(1) 미분계수

① 평균변화율

함수 $y=f(x)$에서 x의 값이 a에서 b까지 변할 때, 평균변화율은 다음과 같이 정의된다.

$$\frac{\Delta y}{\Delta x}=\frac{f(b)-f(a)}{b-a}=\frac{f(a+\Delta x)-f(a)}{\Delta x}$$

② 미분계수

함수 $y=f(x)$의 $x=a$에서 미분계수는 다음과 같다.

$$f'(a)=\lim_{\Delta x\to 0}\frac{\Delta y}{\Delta x}$$
$$=\lim_{\Delta x\to 0}\frac{f(a+\Delta x)-f(a)}{\Delta x}$$
$$=\lim_{x\to a}\frac{f(x)-f(a)}{x-a}$$

함수 $f(x)$의 $x=a$에서 미분계수 $f'(a)$는 곡선 $y=f(x)$ 위의 점 $(a, f(a))$에서 접하는 접선의 기울기와 같다.

③ 미분가능성과 연속성

㉠ 연속성

함수 $y=f(x)$가 다음 세 조건을 만족할 때, $f(x)$는 $x=a$에서 연속함수이다.

• $f(a)$값이 정의되어 있다.

• $\lim_{x\to a}f(x)$가 존재한다. $\left(\lim_{x\to a-}f(x)=\lim_{x\to a+}f(x)\right)$

• $\lim_{x\to a}f(x)=f(a)$

㉡ 미분가능성

함수 $y=f(x)$가 다음 두 조건을 만족할 때, $f(x)$는 $x=a$에서 미분가능한 함수이다.

• $f(x)$는 $x=a$에서 연속이다

• $f'(a)$가 존재한다. $\left(\lim_{x\to a-}\frac{f(x)-f(a)}{x-a}=\lim_{x\to a+}\frac{f(x)-f(a)}{x-a}\right)$

㉢ 미분가능성과 연속성

함수 $f(x)$가 $x=a$에서 미분가능하면 함수 $f(x)$는 $x=a$에서 연속이다. 그러나 그 역은 성립하지 않는다.

(2) 도함수

① 도함수

미분가능한 함수 $y = f(x)$의 도함수는 다음과 같다.

$$f'(x) = \lim_{\Delta x \to 0} \frac{f(x + \Delta x) - f(x)}{\Delta x} = \lim_{h \to 0} \frac{f(x + h) - f(x)}{h}$$

② 도함수의 공식

㉠ 상수함수의 도함수

$$y = c \ (c\text{는 상수}) \qquad \Rightarrow \qquad y' = 0$$

㉡ 다항함수의 도함수

$$y = x^n \ (n\text{은 정수}) \qquad \Rightarrow \qquad y' = n \cdot x^{n-1}$$

㉢ 함수의 실수배, 합, 차의 미분법

- $y = cf(x) \ (c\text{는 상수}) \ \Rightarrow \qquad y' = cf'(x)$
- $y = f(x) \pm g(x) \qquad \Rightarrow \qquad y' = f'(x) \pm g'(x)$

㉣ 함수의 곱의 미분법

$$y = f(x)g(x) \qquad \Rightarrow \qquad y' = f'(x)g(x) + f(x)g'(x)$$

㉤ 함수의 몫의 미분법

$$y = \frac{f(x)}{g(x)} \ (g(x) \neq 0) \quad \Rightarrow \quad y' = \frac{f'(x)g(x) - f(x)g'(x)}{\{g(x)\}^2}$$

③ 지수함수와 로그함수의 미분

㉠ 지수함수의 도함수

$a > 0, \ a \neq 1$일 때

- $y = e^x \quad \Rightarrow y' = e^x$
- $y = a^x \quad \Rightarrow y' = \ln a \cdot a^x$
- $y = e^{f(x)} \Rightarrow y' = f'(x)e^{f(x)}$
- $y = a^{f(x)} \Rightarrow y' = \ln a \cdot f'(x)a^{f(x)}$

㉡ 로그함수의 도함수

$a > 0, \ a \neq 1, \ x > 0$이고 함수 $f(x)$가 미분가능하며 $f(x) \neq 0$일 때

- $y = \ln x \qquad \Rightarrow y' = \dfrac{1}{x}$
- $y = \log_a x \qquad \Rightarrow y' = \dfrac{1}{\ln a} \cdot \dfrac{1}{x}$
- $y = \ln f(x) \quad \Rightarrow y' = \dfrac{f'(x)}{f(x)}$
- $y = \log_a f(x) \Rightarrow y' = \dfrac{1}{\ln a} \cdot \dfrac{f'(x)}{f(x)}$

④ 삼각함수의 미분

　　㉠ 삼각함수의 도함수

　　　　• $y = \sin x \;\Rightarrow\; y' = \cos x$

　　　　• $y = \cos x \;\Rightarrow\; y' = -\sin x$

　　　　• $y = \tan x \;\Rightarrow\; y' = \sec^2 x$

　　　　• $y = \csc x \;\Rightarrow\; y' = -\csc x \cot x$

　　　　• $y = \sec x \;\Rightarrow\; y' = \sec x \tan x$

　　　　• $y = \cot x \;\Rightarrow\; y' = -\csc^2 x$

　　㉡ 역삼각함수의 도함수

　　　　• $y = \sin^{-1} x \;\Rightarrow\; y' = \dfrac{1}{\sqrt{1-x^2}}$

　　　　• $y = \cos^{-1} x \;\Rightarrow\; y' = \dfrac{-1}{\sqrt{1-x^2}}$

　　　　• $y = \tan^{-1} x \;\Rightarrow\; y' = \dfrac{1}{1+x^2}$

　　　　• $y = \csc^{-1} x \;\Rightarrow\; y' = \dfrac{-1}{|x|\sqrt{x^2-1}}$

　　　　• $y = \sec^{-1} x \;\Rightarrow\; y' = \dfrac{1}{|x|\sqrt{x^2-1}}$

　　　　• $y = \cot^{-1} x \;\Rightarrow\; y = \dfrac{-1}{1+x^2}$

⑤ 여러 가지 미분법

　　㉠ 합성함수의 미분법

　　　　두 함수 $y = f(u)$, $u = g(x)$가 미분가능할 때, 합성함수 $y = f(g(x))$를 미분하면 $\dfrac{dy}{dx} = \dfrac{dy}{du} \times \dfrac{du}{dx}$

　　　　이다. 즉, $\{f(g(x))\}' = f'(g(x))g'(x)$이다.

　　㉡ 매개변수로 나타낸 함수의 미분법

　　　　$x = f(t)$, $y = g(t)$가 t에 대하여 미분가능하고, $f'(t) \neq 0$이면

　　　　$$\dfrac{dy}{dx} = \dfrac{\dfrac{dy}{dt}}{\dfrac{dx}{dt}} = \dfrac{g'(t)}{f'(t)}$$

　　㉢ 음함수의 미분법

　　　　x에 대한 함수 y를 음함수 표현 $f(x, y) = 0$으로 나타내었을 시 양변의 각 항을 x에 대하여 미분하고,

　　　　합성함수의 미분법을 이용하여 $\dfrac{dy}{dx}$를 구한다.

　　　　[예문] $x^2 + y^2 = 1$을 x에 대하여 미분하면

　　　　[풀이] $2x + 2y\dfrac{dy}{dx} = 0$ 　　　$\therefore\; \dfrac{dy}{dx} = -\dfrac{x}{y}$ $(y \neq 0)$

ⓔ 역함수의 미분법

미분가능한 함수 f의 역함수 f^{-1}가 존재하고 미분가능할 때, 함수 $y = f^{-1}(x)$를 미분하면

$$\frac{dy}{dx} = \frac{1}{\dfrac{dx}{dy}} \ \left(\text{단}, \ \frac{dx}{dy} \neq 0\right) \ \text{또는} \ (f^{-1})'(x) = \frac{1}{f'(f^{-1}(x))} \ (\text{단}, \ f'(f^{-1}(x)) \neq 0))$$

⑥ 고계도함수

ⓐ 이계도함수

$y = f(x)$의 도함수 $f'(x)$에 대하여 $f'(x)$가 미분가능하면

$y = f(x)$의 이계도함수는 $\{f'(x)\}' = \lim\limits_{h \to 0} \dfrac{f'(x+h)-f'(x)}{h}$ 이며 이를 표현하는 기호는 다음과 같다.

$$y'', \ f''(x), \ \frac{d^2 y}{dx^2}, \ \frac{d^2}{dx^2}f(x)$$

ⓑ n계도함수

$y = f(x)$를 n번 미분하여 얻어지는 함수를 $f(x)$의 n계도함수라 하고 $f^{(n)}(x)$로 나타낸다.

⑦ 편미분

이변수함수 $z = f(x, y)$가 x와 y에서 각각 미분가능할 때,

$f_x(x, y) = \lim\limits_{\Delta x \to 0} \dfrac{f(x+\Delta x, y) - f(x, y)}{\Delta x}$ 를 x에 대한 편도함수,

$f_y(x, y) = \lim\limits_{\Delta y \to 0} \dfrac{f(x, y+\Delta y) - f(x, y)}{\Delta y}$ 를 y에 대한 편도함수라 하고 각각 x축의 방향, y축의 방향으로의 z의 순간변화율을 나타낸다.

2. 도함수의 활용

(1) 접선의 방정식

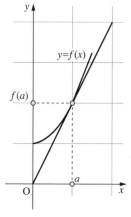

함수 $y = f(x)$가 $x = a$에서 미분가능할 때, 점 $(a, f(a))$에서 접하는 접선의 방정식은 다음과 같다.

$y = f(a) + f'(a)(x - a)$

(2) 평균값 정리

① 롤의 정리 : 함수 $y=f(a)$가 폐구간 $[a, b]$에서 연속이고 개구간 (a, b)에서 미분가능할 때, $f(a)=f(b)$이면 $f'(c)=0$이 되는 c가 a와 b 사이에 적어도 하나 존재한다.

② 평균값 정리 : 함수 $y=f(x)$가 폐구간 $[a, b]$에서 연속이고 개구간 (a, b)에서 미분가능할 때, $f'(c)=\dfrac{f(b)-f(a)}{b-a}$가 되는 c가 a와 b 사이에 적어도 하나 존재한다.

(3) 함수의 그래프

① 함수의 증가와 감소

함수 $f(x)$가 어떤 열린구간에서 미분가능할 때

㉠ 그 구간의 모든 x에 대하여 $f'(x)>0$이면 $f(x)$는 그 구간에서 증가한다.

㉡ 그 구간의 모든 x에 대하여 $f'(x)<0$이면 $f(x)$는 그 구간에서 감소한다.

② 함수의 극대와 극소

연속인 이계도함수를 갖는 함수 $f(x)$에 대하여 $f'(a)=0$일 때

㉠ $f''(a)<0$이면 $f(x)$는 $x=a$에서 극대이고, 극댓값 $f(a)$를 갖는다.

㉡ $f''(a)>0$이면 $f(x)$는 $x=a$에서 극소이고, 극솟값 $f(a)$를 갖는다.

③ 함수의 그래프의 개형

함수 $y=f(x)$의 그래프의 개형은 다음과 같은 사항을 조사하여 그린다.

㉠ 함수의 정의역과 치역

㉡ 곡선과 좌표축의 교점

㉢ 곡선의 대칭성과 주기

㉣ 함수의 증가와 감소, 극대와 극소

㉤ 곡선의 오목과 볼록, 변곡점

㉥ $\lim\limits_{x\to\infty}f(x)$, $\lim\limits_{x\to-\infty}f(x)$, 점근선

(4) 로피탈의 정리

① 부정형 $\dfrac{0}{0}$에 대한 로피탈의 정리

함수 $f(x)$와 $g(x)$가 $x=a$를 포함하는 어떤 구간에서 미분가능하고, $f(a)=g(a)=0$이며, $g'(x)\neq 0$ $(x\neq a)$이고 극한값 $\lim\limits_{x\to a}\dfrac{f'(x)}{g'(x)}$가 존재하면 $\lim\limits_{x\to a}\dfrac{f(x)}{g(x)}=\lim\limits_{x\to a}\dfrac{f'(x)}{g'(x)}$이다.

② 부정형 $\dfrac{\infty}{\infty}$에 대한 로피탈의 정리

구간 (a, b)에서 정의된 두 함수 $f(x)$와 $g(x)$가 구간의 모든 점 x에 대하여 미분가능하며 $g(x)\neq 0$, $g'(x)\neq 0$, $\lim\limits_{x\to a+0}f(x)=\lim\limits_{x\to a+0}g(x)=\infty$라고 하자. $\lim\limits_{x\to a+0}\dfrac{f'(x)}{g'(x)}$가 존재하면 $\lim\limits_{x\to a+0}\dfrac{f(x)}{g(x)}=\lim\limits_{x\to a+0}\dfrac{f'(x)}{g'(x)}$이다.

06 | 수열과 급수

1. 수열

(1) 등차수열

① 등차수열의 일반항

첫째항이 a, 공차가 d인 등차수열의 일반항 a_n은 $a_n = a + (n-1)d$이다.

② 등차수열의 합

첫째항이 a, 공차가 d인 등차수열의 첫째항부터 제n항까지의 합 S_n은 다음과 같다.

$$S_n = \frac{n\{2a + (n-1)d\}}{2} = \frac{n(a+l)}{2} \quad (\text{단, } l\text{은 제}n\text{항})$$

(2) 등비수열

① 등비수열의 일반항

첫째항이 a, 공비가 r $(r \neq 0)$인 등비수열의 일반항 a_n은 $a_n = ar^{n-1}$이다.

② 등비수열의 합

첫째항이 a, 공비가 r인 등비수열의 첫째항부터 제n항까지의 합 S_n은 다음과 같다.

$$S_n = \begin{cases} \dfrac{a(1-r^n)}{1-r} = \dfrac{a(r^n-1)}{r-1}, & r \neq 1 \\ na & , & r = 1 \end{cases}$$

(3) 수열의 합

① 합의 기호

㉠ Σ의 정의

수열 $\{a_n\}$의 첫째항에서부터 제n항까지의 합을 합의 기호 Σ를 사용하여 다음과 같이 나타낼 수 있다.

$$a_1 + a_2 + a_3 \cdots + a_n = \sum_{k=1}^{n} a_k$$

㉡ Σ의 기본 성질

- $\displaystyle\sum_{k=1}^{n} (a_k + b_k) = \sum_{k=1}^{n} a_k + \sum_{k=1}^{n} b_k$

- $\displaystyle\sum_{k=1}^{n} (a_k - b_k) = \sum_{k=1}^{n} a_k - \sum_{k=1}^{n} b_k$

- $\displaystyle\sum_{k=1}^{n} ca_k = c\sum_{k=1}^{n} a_k$ (단, c는 상수)

$\cdot \sum_{k=1}^{n} c = cn$ (단, c는 상수)

② 자연수의 거듭제곱의 합

$\cdot \sum_{k=1}^{n} k = \dfrac{n(n+1)}{2}$

$\cdot \sum_{k=1}^{n} k^2 = \dfrac{n(n+1)(2n+1)}{6}$

$\cdot \sum_{k=1}^{n} k^3 = \left\{ \sum_{k=1}^{n} k \right\}^2 = \left\{ \dfrac{n(n+1)}{2} \right\}^2$

$\cdot \sum_{k=1}^{n} k^4 = \dfrac{n(n+1)(2n+1)(3n^2+3n-1)}{30}$

(4) 수열의 귀납적 정의

수열 $\{a_n\}$을 첫째항 a_1과 서로 이웃하는 항 a_n, a_{n+1}의 관계식($n \geq 1$)으로 정의하는 것을 수열의 귀납적 정의라고 하며, 서로 이웃하는 항 사이의 관계식을 점화식이라고 한다.

예 $a_1 = 1$, $a_{n+1} = 2a_n + 1$

2. 급수

(1) 수열의 극한

① 수열의 극한

㉠ 수열의 수렴과 발산

수열 $\{a_n\}$에 대하여 다음과 같이 정의한다.

· 수렴 : $\lim\limits_{n \to \infty} a_n = \alpha$ (단, α는 실수)

· 발산 : $\begin{cases} \lim\limits_{n \to \infty} a_n = \infty & \text{(양의 무한대로 발산)} \\ \lim\limits_{n \to \infty} a_n = -\infty & \text{(음의 무한대로 발산)} \\ 진동 \end{cases}$

㉡ 수열의 극한값의 계산

수열의 극한값은 다음과 같은 극한의 성질을 이용하여 계산한다. 수렴하는 두 수열 $\{a_n\}$, $\{b_n\}$에 대하여 $\lim\limits_{n \to \infty} a_n = \alpha$, $\lim\limits_{n \to \infty} b_n = \beta$ (α, β는 실수)일 때

· $\lim\limits_{n \to \infty} ka_n = k\lim\limits_{n \to \infty} a_n = ka$ (단, k는 상수)

· $\lim\limits_{n \to \infty} (a_n \pm b_n) = \lim\limits_{n \to \infty} a_n \pm \lim\limits_{n \to \infty} b_n = \alpha \pm \beta$

· $\lim\limits_{n \to \infty} a_n b_n = \lim\limits_{n \to \infty} a_n \times \lim\limits_{n \to \infty} b_n = \alpha \beta$

- $\displaystyle \lim_{n \to \infty} \frac{a_n}{b_n} = \frac{\displaystyle \lim_{n \to \infty} a_n}{\displaystyle \lim_{n \to \infty} b_n} = \frac{\alpha}{\beta}$ (단, $b_n \neq 0$, $\beta \neq 0$)

② 등비수열의 극한

　　㉠ 등비수열의 수렴과 발산

　　무한등비수열 $\{ar^{n-1}\}$의 수렴과 발산은 다음과 같다.

- $r > 1$일 때, $\displaystyle \lim_{n \to \infty} ar^{n-1} = \infty$ (발산)

- $r = 1$일 때, $\displaystyle \lim_{n \to \infty} ar^{n-1} = a$ (수렴)

- $|r| < 1$일 때, $\displaystyle \lim_{n \to \infty} ar^{n-1} = 0$ (수렴)

- $r \leq -1$일 때, 수열 $\{ar^{n-1}\}$은 진동한다. (발산)

(2) 급수

① 급수의 수렴과 발산

- 급수 $\displaystyle \sum_{n=1}^{\infty} a_n$이 수렴하면 $\displaystyle \lim_{n \to \infty} a_n = 0$이다.

- $\displaystyle \lim_{n \to \infty} a_n \neq 0$이면 급수 $\displaystyle \sum_{n=1}^{\infty} a_n$은 발산한다.

② 등비급수의 수렴과 발산

　　등비급수 $\displaystyle \sum_{n=1}^{\infty} ar^{n-1}$ $(a \neq 0)$은

- $|r| < 1$일 때, 수렴하고 그 합은 $\dfrac{a}{1-r}$이다.

- $|r| \geq 1$일 때, 발산한다.
- $a = 0$일 때 모든 항이 0이므로 급수의 합은 0이 된다.

(3) 함수의 멱급수 표현

① 멱급수

수열 $\{a_n\}$과 변수 x에 대해 다음과 같이 표현되는 급수를 멱급수라고 한다.

　　㉠ $\displaystyle \sum_{n=0}^{\infty} a_n x^n = a_0 + a_1 x + a_2 x^2 + \cdots + a_n x^n + \cdots$

　　㉡ $\displaystyle \sum_{n=0}^{\infty} a_n (x-c)^n = a_0 + a_1(x-c) + a_2(x-c)^2 + \cdots a_n(x-c)^n + \cdots$

② 테일러급수

함수 $f(x)$가 $x = a$를 포함하는 개구간 I에서 $(n+1)$계 도함수까지 존재하고, 도함수가 모두 연속이면 I에 속하는 임의의 x에 대하여 함수 $f(x)$를 다음과 같이 표현할 수 있다.

$$f(x) = \sum_{k=0}^{\infty} f^{(k)}(a) \frac{(x-a)^k}{k!} = f(a) + f'(a)(x-a) + \frac{f''(a)}{2!}(x-a)^2 + \cdots$$

위 급수를 테일러급수(Taylor Series)라 한다.

③ 맥클로린 급수

테일러급수에서 $a = 0$일 때의 급수를 다음과 같이 표현한다.

$$f(x) = \sum_{k=0}^{\infty} f^{(k)}(0) \frac{x^k}{k!} = f(0) + f'(0)x + \frac{f''(0)}{2!}x^2 + \cdots$$

위 급수를 맥클로린 급수(Maclaurin Series)라 한다.

㉠ 다양한 함수의 맥클로린 전개식

함수	급수	수렴구간
$\dfrac{1}{x}$	$\displaystyle\sum_{n=0}^{\infty} (-1)^n (x-1)^n = 1 - (x-1) + (x-1)^2 - (x-3)^3 + \cdots$	$(0,\ 2)$
$\ln x$	$\displaystyle\sum_{n=0}^{\infty} (-1)^{n+1} \frac{(x-1)^n}{n} = (x-1) - \frac{(x-1)^2}{2} + \frac{(x-1)^3}{3} - \frac{(x-1)^4}{4} + \cdots$	$(0,\ 2]$
e^x	$\displaystyle\sum_{n=0}^{\infty} \frac{x^n}{n!} = 1 + x + \frac{x^2}{2!} + \frac{x^3}{3!} + \cdots$	$(-\infty,\ \infty)$
$\sin x$	$\displaystyle\sum_{n=0}^{\infty} \frac{(-1)^n x^{2n+1}}{(2n+1)!} = x - \frac{x^3}{3!} + \frac{x^5}{5!} - \frac{x^7}{7!} + \cdots$	$(-\infty,\ \infty)$
$\cos x$	$\displaystyle\sum_{n=0}^{\infty} \frac{(-1)^n x^{2n}}{(2n)!} = 1 - \frac{x^2}{2!} + \frac{x^4}{4!} - \frac{x^6}{6!} + \cdots$	$(-\infty,\ \infty)$
$\tan^{-1} x$	$\displaystyle\sum_{n=0}^{\infty} \frac{(-1)^n x^{2n+1}}{2n+1} = x - \frac{x^3}{3} + \frac{x^5}{5} - \frac{x^7}{7} + \cdots$	$[-1,\ 1]$
$(1+x)^k$	$1 + kx + \dfrac{k(k-1)x^2}{2!} + \dfrac{k(k-1)(k-2)x^3}{3!} + \cdots + \dfrac{k(k-1)(k-2)\cdots(k-n+1)x^n}{n!} + \cdots$	$(-1,\ 1)$ $x = \pm 1$에서의 수렴여부는 k에 따라 달라짐.

07 | 적분

1. 부정적분과 정적분

(1) 부정적분

① 부정적분

　　㉠ 부정적분의 정의

　　　함수 $F(x)$의 도함수가 $f(x)$일 때, 즉 $F'(x)=f(x)$일 때, $F(x)$를 부정적분이라 하고 $f(x)$의 임의의 부정적분은 다음과 같이 나타낸다.

$$\int f(x)dx = F(x)+C \ (단, \ C는 \ 적분상수)$$

　　㉡ 부정적분과 미분과의 관계

　　　• $\int \left\{ \dfrac{d}{dx}f(x) \right\}dx = f(x)+C$

　　　• $\dfrac{d}{dx}\left\{ \int f(x)dx \right\} = f(x)$

② 부정적분의 기본 성질

　　두 함수 $f(x)$, $g(x)$가 부정적분을 가지고 k는 상수, n은 실수, C는 적분상수일 때 다음이 성립한다.

　　㉠ 상수함수의 부정적분

$$\int k\,dx = kx+C$$

　　㉡ 다항함수의 부정적분

　　　• $n \neq -1$일 때, $\int x^n dx = \dfrac{1}{n+1}x^{n+1}+C$

　　　• $n = -1$일 때, $\int \dfrac{1}{x}dx = \ln|x|+C$

　　㉢ 함수의 실수배, 합, 차의 부정적분

　　　• $\int kf(x)dx = k\int f(x)dx$

　　　• $\int \{f(x)\pm g(x)\}dx = \int f(x)dx \pm \int g(x)dx$

③ 다양한 함수의 부정적분

　　㉠ 삼각함수의 부정적분

　　　• $\int \sin x\,dx = -\cos x + C$

　　　• $\int \cos x\,dx = \sin x + C$

　　　• $\int \sec^2 x\,dx = \tan x + C$

- $\displaystyle\int \csc^2 x\,dx = -\cot x + C$

- $\displaystyle\int \sec x \tan x\,dx = \sec x + C$

- $\displaystyle\int \csc x \cot x\,dx = -\csc x + C$

ⓛ 지수함수의 부정적분

- $\displaystyle\int e^x\,dx = e^x + C$

- $\displaystyle\int a^x\,dx = \dfrac{a^x}{\ln a} + C$ (단, $a > 0$, $a \neq 1$)

(2) 정적분

① 정적분의 정의

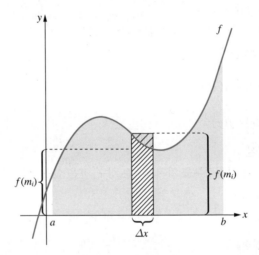

(그림 설명 : 닫힌구간 $[a,\ b]$를 n등분하여 생기는 부분구간의 길이는 $\Delta x = \dfrac{b-a}{n}$ 이다)

곡선 $y = f(x)$와 x축 및 두 직선 $x = a$, $x = b$로 둘러싸인 도형의 넓이를 구분구적법으로 구한 근삿값에 대한 극한값을 $f(x)$의 a에서 b까지의 정적분이라고 한다.

$$\int_a^b f(x)\,dx = \lim_{n \to \infty}\sum_{k=1}^{n} f\!\left(a + \frac{b-a}{n}k\right)\frac{b-a}{n} \quad \text{(단, 함수 } f(x)\text{는 } [a,\ b]\text{에서 연속)}$$

② 미적분학의 기본정리

㉠ 미적분학의 기본정리 I

닫힌구간 $[a,\ b]$에서 연속인 함수 $f(x)$의 한 부정적분을 $F(x)$라고 하면

$$\int_a^b f(x)\,dx = \left[F(x)\right]_a^b = F(b) - F(a) \text{ 이다.}$$

만약 $a = b$이면 $\displaystyle\int_a^a f(x)\,dx = 0$으로 정의한다.

ⓛ 미적분학의 기본정리Ⅱ

함수 $f(t)$가 닫힌구간 $[a, b]$에서 연속이고 $a < x < b$일 때 다음이 성립한다.

• $\dfrac{d}{dx}\displaystyle\int_a^x f(t)dt = f(x)$

• $\dfrac{d}{dx}\displaystyle\int_a^{g(x)} f(t)dt = g'(x)f(g(x))$

③ 정적분의 기본 성질

두 함수 $f(x)$, $g(x)$가 임의의 실수 a, b, c를 포함하는 구간에서 연속이고 k는 상수일 때,

• $\displaystyle\int_a^b f(x)dx = -\int_b^a f(x)dx$

• $\displaystyle\int_a^b kf(x)dx = k\int_a^b f(x)dx$

• $\displaystyle\int_a^b \{f(x) \pm g(x)\}dx = \int_a^b f(x)dx \pm \int_a^b g(x)dx$ (복부호동순)

• $\displaystyle\int_a^c f(x)dx = \int_a^b f(x)dx + \int_b^c f(x)dx$ $(a \le b \le c)$

2. 정적분의 활용

(1) 넓이

① 정적분과 넓이의 관계

함수 $f(x)$가 닫힌구간 $[a,b]$에서 연속이고 $f(x) \ge 0$일 때, 곡선 $y = f(x)$와 x축 및 두 직선 $x = a$, $x = b$로 둘러싸인 도형의 넓이는 $S = \displaystyle\int_a^b f(x)dx$이다.

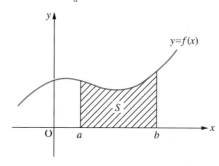

② 곡선과 좌표축 사이의 넓이

　　㉠ 함수 $y=f(x)$ 가 닫힌구간 $[a, b]$에서 연속일 때

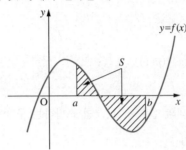

　　　$f(x)$와 x축 및 두 직선 $x=a$, $x=b$로 둘러싸인 도형의 넓이는 $S=\displaystyle\int_a^b |f(x)|dx$ 이다.

　　㉡ 함수 $x=g(y)$ 가 닫힌구간 $[c, d]$에서 연속일 때

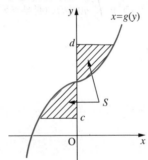

　　　$g(y)$와 y축 및 두 직선 $y=c$, $y=d$로 둘러싸인 도형의 넓이는 $S=\displaystyle\int_c^d |g(y)|dy$ 이다.

③ 두 곡선 사이의 넓이

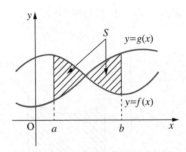

　　두 함수 $f(x)$, $g(x)$가 닫힌구간 $[a, b]$에서 연속일 때, 두 곡선 $y=f(x)$, $y=g(x)$ 및 두 직선 $x=a$, $x=b$로 둘러싸인 도형의 넓이는 $S=\displaystyle\int_a^b |f(x)-g(x)|dx$ 이다.

(2) 부피

① 회전체의 부피

㉠ 곡선을 회전시키는 경우

• x축 회전

구간 $[a, b]$에서 곡선 $y=f(x)$를 x축 둘레로 회전시켜 생기는 회전체의 부피

$$V_x = \pi \int_a^b \{f(x)\}^2 dx = \pi \int_a^b y^2 dx$$

• y축 회전

구간 $[c, d]$에서 곡선 $x=g(y)$를 y축 둘레로 회전시켜 생기는 회전체의 부피

$$V_y = \pi \int_c^d \{g(y)\}^2 dy = \pi \int_c^d x^2 dy$$

㉡ 도형을 회전시키는 경우

• x축 회전

함수 $x=g(y)$가 연속이고, $g(y) \geq 0$일 때, $g(y)$와 y축, $y=c$, $y=d(0 \leq c < d)$로 둘러싸인 영역을 x축의 둘레로 회전시켜 생기는 회전체의 부피는

$$V_x = 2\pi \int_c^d yx\,dy = 2\pi \int_c^d yg(y)\,dy$$

• y축 회전

함수 $y=f(x)$가 연속이고, $f(x) \geq 0$일 때, $f(x)$와 x축, $x=a$, $x=b(0 \leq a < b)$로 둘러싸인 영역을 y축의 둘레로 회전시켜 생기는 회전체의 부피는

$$V_y = 2\pi \int_a^b xy\,dx = 2\pi \int_a^b xf(x)\,dx$$

② 단면의 넓이가 주어진 입체의 부피

• 단면 $A(x)$가 x축과 수직인 경우 부피는 $V_x = \int_a^b A(x)dx$이다.

• 단면 $A(y)$가 y축과 수직인 경우 부피는 $V_y = \int_c^d A(y)dy$이다.

(3) 곡선의 길이와 회전체의 겉넓이

① 곡선의 길이

㉠ 구간 $[a, b]$에서 곡선 $y=f(x)$의 길이는 $S = \int_a^b \sqrt{1+\{f'(x)\}^2}\,dx$이다.

㉡ 구간 $[c, d]$에서 곡선 $x=g(y)$의 길이는 $S = \int_c^d \sqrt{1+\{g'(y)\}^2}\,dy$이다.

② 회전체의 겉넓이

㉠ 연속인 도함수를 갖는 함수 $y=f(x)$를 구간 $[a,b]$에서 x축의 둘레로 회전시켜 생기는 회전체의 겉넓이는 $S_x = 2\pi \int_a^b f(x)\sqrt{1+\{f'(x)\}^2}\,dx = 2\pi \int_a^b y\sqrt{1+(y')^2}\,dx$이다.

ⓛ 연속인 도함수를 갖는 함수 $x = g(y)$를 구간 $[c, d]$에서 y축의 둘레로 회전시켜 생기는 회전체의 겉넓이는 $S_y = 2\pi \int_c^d g(y) \sqrt{1 + \{g'(y)\}^2}\, dy = 2\pi \int_c^d x \sqrt{1 + (x')^2}\, dy$이다.

ⓒ 연속인 도함수를 갖는 함수 $y = f(x)$를 구간 $[a, b]$에서 y축의 둘레로 회전시켜 생기는 회전체의 겉넓이는 $S_y = 2\pi \int_a^b x \sqrt{1 + \{f'(x)\}^2}\, dx = 2\pi \int_a^b x \sqrt{1 + (y')^2}\, dx$이다.

3. 여러 가지 적분법

(1) 치환적분법

① 치환적분법

한 변수를 다른 변수로 바꾸어 적분하는 방법을 치환적분법이라 하고 다음과 같이 구한다.

미분가능한 함수 $g(t)$에 대하여 $x = g(t)$로 놓으면 $\displaystyle\int f(x)dx = \int f(g(t))g'(t)dt$

[예문] $\displaystyle\int xe^{x^2}dx$

[풀이] $t = x^2$로 놓으면 $\dfrac{dt}{dx} = 2x$이므로 $\displaystyle\int xe^{x^2}dx = \frac{1}{2}\int e^{x^2}(2x)dx = \frac{1}{2}\int e^t dt = \frac{1}{2}e^t + C = \frac{1}{2}e^{x^2} + C$

② 삼각치환 적분법

㉠ 피적분함수가 $\sqrt{a^2 - x^2}$, $\dfrac{1}{\sqrt{a^2 - x^2}}$ $(a > 0)$인 경우

$x = a\sin\theta$ $\left(-\dfrac{\pi}{2} \le \theta \le \dfrac{\pi}{2}\right)$로 치환하고 $\sin^2\theta + \cos^2\theta = 1$ 공식을 이용하여 식을 간단히 한다.

ⓛ 피적분함수가 $\sqrt{x^2 + a^2}$, $\dfrac{1}{\sqrt{x^2 + a^2}}$ $(a > 0)$인 경우

$x = a\tan\theta$ $\left(-\dfrac{\pi}{2} \le \theta \le \dfrac{\pi}{2}\right)$로 치환하고 $\tan^2\theta + 1 = \sec^2\theta$ 공식을 이용하여 식을 간단히 한다.

(2) 부분적분법

두 함수의 곱을 적분할 때 두 함수 중 하나는 $f(x)$로 지정하고 다른 하나는 $g'(x)$로 지정을 한 후 $f'(x)$와 $g(x)$를 각각 계산해 준 뒤 아래 공식에 대입하여 계산한다.

$\displaystyle\int f(x)g'(x)dx = f(x)g(x) - \int f'(x)g(x)dx$

[예문] $\displaystyle\int xe^x dx$

[풀이] $f(x) = x$, $g'(x) = e^x$, $f'(x) = 1$, $g(x) = e^x$

$\displaystyle\int xe^x dx = xe^x - \int e^x dx = xe^x - e^x + C$

(3) 부분분수 분해

분모가 인수분해 가능할 때 복잡한 형태의 분수를 작은 분수들의 합 또는 차로 나누어서 적분한다.

$\boxed{\text{예}}$ $\displaystyle\int \frac{5x-4}{x^2-16}dx = \int \frac{3}{x+4} + \frac{2}{x-4}dx = 3\ln|x+4| + 2\ln|x-4| + C$

(4) 이상 적분

① 적분 구간에 무한대가 포함된 이상 적분

　㉠ $n \geq a$인 모든 n에 대하여 $\displaystyle\int_a^n f(x)dx$가 존재하면 $\displaystyle\int_a^\infty f(x)dx = \lim_{n\to\infty}\int_a^n f(x)dx$로 정의한다.

　㉡ $n \leq b$인 모든 n에 대하여 $\displaystyle\int_n^b f(x)dx$가 존재하면 $\displaystyle\int_{-\infty}^b f(x)dx = \lim_{n\to\infty}\int_{-n}^b f(x)dx$로 정의한다.

　㉢ $\displaystyle\int_a^\infty f(x)dx$, $\displaystyle\int_{-\infty}^a f(x)dx$가 모두 존재하면 $\displaystyle\int_{-\infty}^\infty f(x)dx = \int_{-\infty}^a f(x)dx + \int_a^\infty f(x)dx$로 정의한다.

② 적분 구간에서 불연속인 함수의 이상 적분

　㉠ 함수 f가 $[a,b)$에서 연속이고 b에서 불연속일 때, $\displaystyle\lim_{t\to b-}\int_a^t f(x)dx$가 존재하면

　　$\displaystyle\int_a^b f(x)dx = \lim_{t\to b-}\int_a^t f(x)dx$로 정의한다.

　㉡ 함수 f가 $(a, b]$에서 연속이고 a에서 불연속일 때, $\displaystyle\lim_{t\to a+}\int_t^b f(x)dx$가 존재하면

　　$\displaystyle\int_a^b f(x)dx = \lim_{t\to a+}\int_t^b f(x)dx$로 정의한다.

4. 중적분

(1) 중적분

① 반복적분

변수가 2개인 연속함수 $f(x, y)$의 정적분은 x 또는 y에 관하여 적분하고 이어서 나머지 변수에 관하여 적분한다. 이러한 과정을 반복적분이라 하고 다음과 같이 나타낸다.

$\displaystyle\int_a^b \int_{g_1(x)}^{g_2(x)} f(x, y)\,dydx$ 또는 $\displaystyle\int_c^d \int_{h_1(y)}^{h_2(y)} f(x, y)\,dxdy$. 이때 먼저 시행하는 적분의 구간은 다른 변수로

나타낼 수 있지만 두 번째 시행하는 적분의 구간은 상수로 정의되어야 한다.

② 이중적분

이변수 함수 $z = f(x, y)$가 평면상의 영역 R에서 정의되어 있으면 R 위에서 함수 f의 이중적분은

$\displaystyle\iint_R f(x, y)dA = \lim_{\|\Delta\|\to 0}\sum_{i=1}^n f(x, y)\Delta A_i$로 정의한다.

• 영역 R의 넓이는 $\displaystyle\iint_R dA$이다.

- 영역 R과 곡면 $z=f(x,\ y)$ 아래로 둘러싸인 입체의 부피는 $\iint_R f(x,y)dA$이다.

㉠ 이중적분의 계산

함수 f가 R 위에서 연속일 때,

- 영역 R이 $a \le x \le b$, $g_1(x) \le y \le g_2(x)$이고 g_1과 g_2는 $[a,b]$에서 연속이면

$$\iint_R f(x,\ y)dA = \int_a^b \int_{g_1(x)}^{g_2(x)} f(x,\ y)dydx$$

- 영역 R이 $c \le y \le d$, $h_1(y) \le x \le h_2(y)$이고 h_1과 h_2는 $[c,d]$에서 연속이면

$$\iint_R f(x,\ y)dA = \int_c^d \int_{h_1(y)}^{h_2(y)} f(x,\ y)dxdy$$

㉡ 적분의 순서를 바꾼 계산

함수 $z=f(x,\ y)$가

$R = \{(x,\ y)\,|\,a \le x \le b,\ g_1(x) \le y \le g_2(x)\}$에서

$R = \{(x,\ y)\,|\,h_1(y) \le x \le h_2(y),\ c \le y \le d\}$와 같이 나타낼 수 있다면

$\displaystyle\int_a^b \int_{g_1(x)}^{g_2(x)} f(x,\ y)dydx = \iint_R f(x,\ y)dxdy = \int_c^d \int_{h_1(y)}^{h_2(y)} f(x,\ y)dxdy$임을 이용하여 중적분의 순서

를 바꿔서 계산할 수 있다.

[예문] $\displaystyle\int_0^1 \int_y^1 e^{-x^2}dxdy$

[풀이] 위 적분은 주어진 순서대로 적분이 불가능하므로 다음과 같이 순서를 바꿔서 계산한다.

$$R = \{(x,\ y)\,|\,y \le x \le 1,\ 0 \le y \le 1\} = \{(x,\ y)\,|\,0 \le x \le 1,\ 0 \le y \le x\}$$

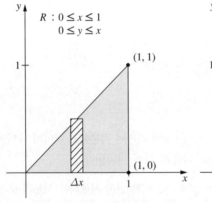
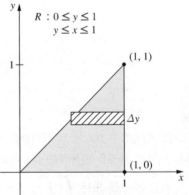

$$\int_0^1 \int_y^1 e^{-x^2}dxdy = \int_0^1 \int_0^x e^{-x^2}dydx = \int_0^1 \left[e^{-x^2}y\right]_0^x dx = \int_0^1 xe^{-x^2}dx = \left[-\frac{1}{2}e^{-x^2}\right]_0^1 = \frac{e-1}{2e}$$

(2) 중적분의 활용

① 극좌표로의 변수 변환

영역 R 위의 점들이 $(x,\ y) = (r\cos\theta,\ r\sin\theta)$로 표현되고, $0 \leq g_1(\theta) \leq r \leq g_2(\theta)$, $\alpha \leq \theta \leq \beta$, $0 \leq (\beta - \alpha) \leq 2\pi$를 만족하는 g_1, g_2가 $[\alpha,\ \beta]$에서 연속이며 f가 R 위에서 연속일 때,

$$\iint_R f(x,\ y) dA = \int_\alpha^\beta \int_{g_1(\theta)}^{g_2(\theta)} f(r\cos\theta,\ r\sin\theta) r\, dr\, d\theta$$

② 겉넓이

함수 $z = f(x,\ y)$와 f의 일계편도함수가 영역 R 위에서 연속일 때, 영역 R과 곡면 $z = f(x,\ y)$ 아래로 둘러싸인 입체의 겉넓이는 다음과 같다.

$$S = \iint_R dS = \iint_R \sqrt{1 + \{f_x(x,\ y)\}^2 + \{f_y(x,\ y)\}^2}\, dA$$

제**1**편 | 실전대비문제

01 분수방정식 $2\left(x^2+\dfrac{1}{x^2}\right)=9\left(x+\dfrac{1}{x}\right)-14$를 만족하는 서로 다른 모든 실근의 합을 구하시오.

(2017년)

① $\dfrac{3}{2}$ ② $\dfrac{5}{2}$

③ $\dfrac{7}{2}$ ④ $\dfrac{9}{2}$

[해설] $2\left(x^2+\dfrac{1}{x^2}\right)=9\left(x+\dfrac{1}{x}\right)-14$ 에서 $x+\dfrac{1}{x}=t$라고 치환하자.

$\left(x+\dfrac{1}{x}\right)^2=x^2+\dfrac{1}{x^2}+2$이므로 주어진 식은 다음과 같이 나타낼 수 있다.

$2(t^2-2)=9t-14 \Rightarrow 2t^2-9t+10=0$

$(2t-5)(t-2)=0 \therefore t=\dfrac{5}{2},\ t=2$

ⅰ) $t=\dfrac{5}{2}$일 때 $x+\dfrac{1}{x}=\dfrac{5}{2} \Rightarrow x^2-\dfrac{5}{2}x+1=0$

근과 계수의 관계에 의해 두 근의 합은 $\dfrac{5}{2}$이다.

ⅱ) $t=2$일 때 $x+\dfrac{1}{x}=2 \Rightarrow x^2-2x+1=0 \Rightarrow (x-1)^2=0$

중근 $x=1$이다.

$\therefore$ 서로 다른 모든 실근의 합 $=\dfrac{5}{2}+1=\dfrac{7}{2}$

답 ③

02 곡선 $y=x^3-3x$ 위의 점 $(2,\ 2)$에서의 접선과 x축, y축으로 둘러싸인 삼각형의 넓이를 A라 할 때 $9A$의 값을 구하시오.

(2017년)

① 42   ② 88

③ 128   ④ 142

[해설] 접선의 방정식을 구하기 위해 곡선의 도함수를 구하면

$y'=3x^2-3 \therefore x=2$에서 접선의 기울기 : $y'(2)=3\times2^2-3=9$

따라서 접선의 방정식은 $y-2=9(x-2) \Rightarrow y=9x-16$

이 직선의 x절편은 $\dfrac{16}{9}$, y절편은 -16이므로

접선과 x축, y축으로 둘러싸인 삼각형의 넓이 $A=\dfrac{1}{2}\times16\times\dfrac{16}{9}=\dfrac{128}{9}$

$\therefore 9A=128$

답 ③

03 미분가능한 함수 $f(x)$가 $\displaystyle\lim_{x\to 2}\dfrac{\displaystyle\int_2^x f(t)dt+f(x)}{x^3-8}=6$을 만족할 때 $f(2)+f'(2)$의 값을 구하시오.

(2017년)

① 36

② 52

③ 66

④ 72

[해설] 극한값이 존재하므로 $x=2$에서 분모가 0이 될 때 분자의 값 $\displaystyle\int_2^x f(t)dt+f(x)$도 0이 되어야 한다. 이때 부정형이

므로 다음과 같이 로피탈 정리를 적용할 수 있다.

$$\lim_{x\to 2}\frac{\displaystyle\int_2^x f(t)dt+f(x)}{x^3-8}=\lim_{x\to 2}\frac{f(x)+f'(x)}{3x^2}=\frac{f(2)+f'(2)}{12}=6$$

$$\therefore\ f(2)+f'(2)=6\times 12=72$$

답 ④

---

04 함수 $f(x)$는 임의의 두 실수 x, y에 대하여 다음 두 조건을 만족한다.

(2017년)

> (가) $f(x+y)=f(x)+f(y)+k$, 여기서 k는 상수
>
> (나) $\displaystyle\lim_{x\to 3}\dfrac{f(x-3)+2}{x-3}=2017$

$f(x)$가 $x=0$에서 연속일 때 k의 값을 구하시오.

① 2020

② 2014

③ 5

④ 2

[해설] (나)에 의하면 극한값이 존재하고 $x=3$일 때 분모가 0이 되므로 분자의 값도 0이 되어야 한다.

즉 $f(3-3)+2=f(0)+2=0$ $\therefore\ f(0)=-2$

(가)의 식을 이용하면 $f(0+0)=f(0)+f(0)+k$이므로

$f(0)=2f(0)+k$

$-2=2(-2)+k$ $\therefore\ k=2$

답 ④

05 $A = \begin{pmatrix} 1 & 1 \\ 0 & 1 \end{pmatrix}$, $P = \begin{pmatrix} 1 & 2 \\ 0 & -1 \end{pmatrix}$ 이라 하자. $(P^{-1}AP)^{2017} = \begin{pmatrix} a & b \\ c & d \end{pmatrix}$ 라 할 때 $a+b+c+d$의 값을 구하시오.

(2017년)

① -2015 ② -2019

③ 2015 ④ 2019

[해설] $A = \begin{pmatrix} 1 & 1 \\ 0 & 1 \end{pmatrix}$, $P = \begin{pmatrix} 1 & 2 \\ 0 & -1 \end{pmatrix}$ 이므로

$P^{-1} = \dfrac{1}{-1} \begin{pmatrix} -1 & 0 \\ 2 & 1 \end{pmatrix} \begin{pmatrix} 1 & 0 \\ -2 & -1 \end{pmatrix}$

케일리 헤밀턴 정리에 의하면 임의의 2×2 정사각행렬 $A = \begin{pmatrix} a & b \\ c & d \end{pmatrix}$는

등식 $A^2 - (a+d)A + (ad-bc)E = O$를 만족한다. 단, $E = \begin{pmatrix} 1 & 0 \\ 0 & 1 \end{pmatrix}$, $O = \begin{pmatrix} 0 & 0 \\ 0 & 0 \end{pmatrix}$

이를 적용하면 $A^2 - (1+1)A + \{(1 \times 1) - (1 \times 0)\}E = O$

$A^2 - 2A + E = O$

$A^2 = 2A - E$

$A^3 = A \cdot A^2 = A(2A - E) = 2A^2 - A = 2(2A - E) - A = 3A - 2E$

$A^4 = A \cdot A^3 = A(3A - 2E) = 3A^2 - 2A = 3(2A - E) - 2A = 4A - 3E$

$\therefore A^n = nA - (n-1)E$

$\therefore A^{2017} = 2017A - 2016E = \begin{pmatrix} 2017 & 2017 \\ 0 & 2017 \end{pmatrix} - \begin{pmatrix} 2016 & 0 \\ 0 & 2016 \end{pmatrix} = \begin{pmatrix} 1 & 2017 \\ 0 & 1 \end{pmatrix}$

$\therefore (P^{-1}AP)^{2017} = P^{-1}A^{2017}P = \begin{pmatrix} 1 & 0 \\ -2 & -1 \end{pmatrix} \begin{pmatrix} 1 & 2017 \\ 0 & 1 \end{pmatrix} \begin{pmatrix} 1 & 2 \\ 0 & -1 \end{pmatrix} \begin{pmatrix} 1 & -2017 \\ 0 & 1 \end{pmatrix}$

$\therefore a+b+c+d = 1 + (-2017) + 0 + 1 = -2015$

답 ①

06 다음 극한값을 구하시오.

(2017년)

$$\lim_{n \to \infty} \frac{\displaystyle\sum_{k=1}^{n} k^2 \cdot \sum_{k=1}^{n} k^5}{\displaystyle\sum_{k=1}^{n} k \cdot \sum_{k=1}^{n} k^6}$$

① $\dfrac{7}{8}$ ② $\dfrac{7}{9}$

③ $\dfrac{7}{10}$ ④ $\dfrac{7}{12}$

[해설]
$$\lim_{n \to \infty} \frac{\displaystyle\sum_{k=1}^{n} k^2 \cdot \sum_{k=1}^{n} k^5}{\displaystyle\sum_{k=1}^{n} k \cdot \sum_{k=1}^{n} k^6} = \lim_{n \to \infty} \frac{\dfrac{1}{n^9}\displaystyle\sum_{k=1}^{n} k^2 \cdot \sum_{k=1}^{n} k^5}{\dfrac{1}{n^9}\displaystyle\sum_{k=1}^{n} k \cdot \sum_{k=1}^{n} k^6} = \lim_{n \to \infty} \frac{\displaystyle\sum_{k=1}^{n} \left(\frac{k}{n}\right)^2 \frac{1}{n} \cdot \sum_{k=1}^{n} \left(\frac{k}{n}\right)^5 \frac{1}{n}}{\displaystyle\sum_{k=1}^{n} \left(\frac{k}{n}\right) \frac{1}{n} \cdot \sum_{k=1}^{n} \left(\frac{k}{n}\right)^6 \frac{1}{n}}$$

$$= \frac{\displaystyle\int_0^1 x^2 dx \times \int_0^1 x^5 dx}{\displaystyle\int_0^1 x dx \times \int_0^1 x^6 dx} = \frac{\left[\frac{1}{3}x^3\right]_0^1 \times \left[\frac{1}{6}x^6\right]_0^1}{\left[\frac{1}{2}x^2\right]_0^1 \times \left[\frac{1}{7}x^7\right]_0^1} = \frac{\frac{1}{3} \times \frac{1}{6}}{\frac{1}{2} \times \frac{1}{7}} = \frac{14}{18} = \frac{7}{9}$$

답 ②

07 함수 $f_n(x)$를 다음과 같이 정의하자. (2017년)

$$f_1(x) = e^x, \ f_{n+1}(x) = e^x + \int_0^1 t f_n(t) dt, \ n \geq 1$$

$\lim\limits_{n \to \infty} f_n(x)$를 구하시오.

① $e^x + 2$

② $e^x + 3$

③ $e^x + 4$

④ $e^x + 5$

[해설] $f_1 = e^x$

$$f_2 = e^x + \int_0^1 t e^t dt = e^x + \left\{ [t e^t]_0^1 - \int_0^1 e^t dt \right\} = e^x + e - [e^t]_0^1 = e^x + 1$$

$$f_3 = e^x + \int_0^1 t(e^t + 1) dt = e^x + \int_0^1 t e^t dt + \int_0^1 t dt = e^x + \left([t e^t]_0^1 - [e^t]_0^1 + \left[\frac{1}{2} t^2 \right]_0^1 \right)$$

$$= e^x + e - (e - 1) + \frac{1}{2} = e^x + \frac{3}{2} = e^x + 1 + \frac{1}{2}$$

$$f_4 = e^x + \int_0^1 t \left(e^t + \frac{3}{2} \right) dt = e^x + \int_0^1 t e^t dt + \int_0^1 \frac{3}{2} t dt$$

$$= e^x + \left([t e^t]_0^1 - [e^t]_0^1 + \left[\frac{3}{4} t^2 \right]_0^1 \right)$$

$$= e^x + e - (e - 1) + \frac{3}{4} = e^x + \frac{7}{4} = e^x + 1 + \frac{3}{4}$$

위 규칙성을 이용하면 $f_n = e^x + 1 + \dfrac{2(n-2) - 1}{2(n-2)}$ 이다.

$$\therefore \ \lim_{n \to \infty} f_n(x) = \lim_{n \to \infty} e^x + 1 + \frac{2(n-2) - 1}{2(n-2)} = e^x + 2$$

답 ①

08 양의 실수 x, y가 $xy^2 = 4$, $1 \le x \le 2$를 만족할 때, $(\log_2 x)^3 + (\log_2 y)^2$의 최댓값과 최솟값의 합을 구하시오.

(2017년)

① $\dfrac{13}{8}$ ② $\dfrac{21}{8}$

③ $\dfrac{27}{16}$ ④ $\dfrac{31}{16}$

[해설] $xy^2 = 4$, $1 \le x \le 2$ 따라서 양의 실수 y의 범위는 $\sqrt{2} \le y \le 2$이다.

$xy^2 = 4$이므로 $\log_2 xy^2 = \log_2 x + 2\log_2 y = \log_2 4 = 2$이다. 여기서 $\log_2 x = X$, $\log_2 y = Y$ 치환하면

X, Y의 범위는 $\log_2 1 = 0 \le X \le \log_2 2 = 1$, $\log_2 \sqrt{2} = \dfrac{1}{2} \le Y \le \log_2 2 = 1$이다.

$X + 2Y = 2 \Rightarrow X = 2 - 2Y$

$(\log_2 x)^3 + (\log_2 y)^2 = X^3 + Y^2 = (2 - 2Y)^3 + Y^2 = G(Y)$라 하면

$G(Y) = (2 - 2Y)^3 + Y^2$

$G'(Y) = 3(2 - 2Y)^2 \cdot (-2) + 2Y = -24Y^2 + 50Y - 24 = -2(3Y - 4)(4Y - 3)$

극값은 $G'(Y) = 0$일 때 나타나므로 $Y = \dfrac{4}{3}$, $Y = \dfrac{3}{4}$일 때 발생한다.

그러나 $Y = \dfrac{4}{3}$은 Y의 범위를 벗어나므로 제외된다. 따라서 최댓값과 최솟값의 계산은

Y값 범위 내에서 $G'(Y) = 0$이 되는 $Y = \dfrac{3}{4}$와 Y의 범위의 최소와 최대인 $Y = \dfrac{1}{2}$, $Y = 1$

세 군데서 확인하면 된다.

ⅰ) $Y = \dfrac{3}{4} \Rightarrow G\left(\dfrac{3}{4}\right) = \left(2 - 2 \times \dfrac{3}{4}\right)^3 + \left(\dfrac{3}{4}\right)^2 = \dfrac{1}{8} + \dfrac{9}{16} = \dfrac{11}{16}$

ⅱ) $Y = \dfrac{1}{2} \Rightarrow G\left(\dfrac{1}{2}\right) = \left(2 - 2 \times \dfrac{1}{2}\right)^3 + \left(\dfrac{1}{2}\right)^2 = 1 + \dfrac{1}{4} = \dfrac{5}{4}$

ⅲ) $Y = 1 \Rightarrow G(1) = (2 - 2 \times 1)^3 + 1^2 = 1$

∴ 최솟값 $\dfrac{11}{16}$, 최댓값 $\dfrac{5}{4}$이므로 최솟값 + 최댓값 $= \dfrac{11}{16} + \dfrac{5}{4} = \dfrac{31}{16}$

답 ④

09 다음 중적분의 값을 구하시오.

(2017년)

$$\int_0^1 \int_{3y}^3 e^{x^2}\, dx\, dy$$

① $\dfrac{e^9 - 1}{6}$ ② $\dfrac{e^6 - 1}{9}$

③ $\dfrac{e^9 - 1}{12}$ ④ $\dfrac{e^{12} - 1}{12}$

[해설] $\displaystyle\int_0^1 \int_{3y}^3 e^{x^2}\, dx\, dy = \int_0^3 \int_0^{\frac{1}{3}x} e^{x^2}\, dy\, dx = \int_0^3 \left[y e^{x^2} \right]_0^{\frac{1}{3}x} dx$

$\qquad = \displaystyle\int_0^3 \dfrac{1}{3} x e^{x^2}\, dx = \dfrac{1}{6} \int_0^3 2x e^{x^2}\, dx = \dfrac{1}{6} \left[e^{x^2} \right]_0^3 = \dfrac{1}{6}\left(e^9 - 1 \right)$

답 ①

10 무리방정식 $x^2-6x-\sqrt{x^2-6x-1}=3$의 모든 실근의 곱을 구하시오. (2018년)

① -5 ② -2

③ 3 ④ 10

[해설] $x^2-6x-\sqrt{x^2-6x-1}=3$에서 $x^2-6x=t$로 치환하면

$$t-\sqrt{t-1}=3$$
$$t-3=\sqrt{t-1}$$
$$(t-3)^2=t-1$$
$$t^2-6t+9=t-1$$
$$t^2-7t+10=0$$
$$\therefore\ t=2\ \text{또는}\ t=5$$

i) $t=2$일 때

$t-\sqrt{t-1}=3$에 $t=2$를 대입하면 식이 성립하지 않는다.

ii) $t=5$일 때

$t-\sqrt{t-1}=3$에 $t=5$를 대입하면 식이 성립한다.

$\therefore\ t=5$

$x^2-6x=5$

$x^2-6x-5=0$ 두 근의 곱은 이차방정식의 근과 계수와의 관계에 의해 -5이다.

답 ①

11 $f(x)=e^{x+1}(x^2+3x+1)$ 이 구간 $(a,\ b)$에서 감소함수일 때, $b-a$의 최댓값을 구하시오. (2018년)

① 1 ② 2

③ 3 ④ 4

[해설] $f(x)$가 감소함수이므로 $f'(x)<0$이다.

$$f'(x)=e^{x+1}(x^2+3x+1)+e^{x+1}(2x+3)$$
$$=e^{x+1}(x^2+5x+4)<0$$

e^{x+1}은 항상 0보다 크므로 $f'(x)<0$이 되기 위해서는 $x^2+5x+4<0$이어야 한다.

따라서 $x^2+5x+4=(x+4)(x+1)<0$ $\therefore\ -4<x<-1$

$\therefore\ a=-4,\ b=-1\ \Rightarrow\ b-a=-1-(-4)=3$

답 ③

12 $\displaystyle\sum_{k=1}^{n} a_k = \ln\frac{(n+1)(n+2)}{4}$ 이고 $\displaystyle\sum_{k=1}^{30} a_{2k} = b$ 이면 e^b 의 값을 구하시오.

(2018년)

① 27   ② 29

③ 31   ④ 33

[해설] $a_n = \displaystyle\sum_{k=1}^{n} a_k - \sum_{k=1}^{n-1} a_k = \ln\frac{(n+1)(n+2)}{4} - \ln\frac{n(n+1)}{4} = \ln\frac{n+2}{n}$

따라서 $a_{2n} = \ln\dfrac{2n+2}{2n} = \ln\dfrac{n+1}{n}$ 이다.

$\therefore \displaystyle\sum_{k=1}^{30} a_{2k} = \sum_{k=1}^{30} \ln\frac{k+1}{k} = \sum_{k=1}^{30} \ln(k+1) - \ln k$

$= (\ln 2 - \ln 2) + (\ln 3 - \ln 2) + \cdots + (\ln 31 - \ln 30)$

$= \ln 31 - \ln 1 = \ln 31 = b$

$\therefore e^b = e^{\ln 31} = 31$

답 ③

---

13 자연수 n에 대해 $f(n) = \displaystyle\sum_{r=0}^{n} {}_n C_r \left(\frac{1}{8}\right)^r$ 일 때, $\log f(n) > 1$을 만족시키는 n의 최솟값을 구하시오(단, $\log$는

상용로그이며, $\log 2 = 0.3010$, $\log 3 = 0.4771$).

(2018년)

① 17   ② 18

③ 19   ④ 20

[해설] $f(n) = \displaystyle\sum_{r=0}^{n} {}_n C_r \left(\frac{1}{8}\right)^r = \sum_{r=0}^{n} {}_n C_r \cdot 1^{n-r} \cdot \left(\frac{1}{8}\right)^r$

$\therefore f(n) = \left(1 + \frac{1}{8}\right)^n = \left(\frac{9}{8}\right)^n$

$\log f(n) = \log\left(\frac{9}{8}\right)^n = n \cdot \log\left(\frac{9}{8}\right) > 1$

$\Rightarrow n(2\log 3 - 3\log 2) > 1$

$\Rightarrow n > \dfrac{1}{2\log 3 - 3\log 2} = \dfrac{1}{2 \times 0.4771 - 3 \times 0.3010} ≒ 19.531$

$\therefore$ 자연수 n의 최솟값은 20이 된다.

답 ④

14 함수 $f(x) = 2x^3\sqrt{4-x^2}$의 최댓값과 최솟값의 합을 구하시오. (2018년)

① -4

② 0

③ 8

④ 12

[해설] $f(x)$의 극값(최댓값 또는 최솟값)은 $f'(x) = 0$에서 구해진다.

$f'(x) = 6x^2\sqrt{4-x^2} - 2x^4 \dfrac{1}{\sqrt{4-x^2}} = 0$ 양변에 $\sqrt{4-x^2}$을 곱하면

$6x^2(4-x^2) - 2x^4 = 0$

$-8x^4 + 24x^2 = 0$

$-8x^2(x^2-3) = -8x^2(x+\sqrt{3})(x-\sqrt{3}) = 0$

$\therefore\ x = 0$ 또는 $x = \pm\sqrt{3}$

$f(0) = 0,\ f(\sqrt{3}) = 6\sqrt{3},\ f(-\sqrt{3}) = -6\sqrt{3}$

$\Rightarrow$ 최댓값 : $6\sqrt{3}$, 최솟값 : $-6\sqrt{3}$ 이므로

$\therefore$ 최댓값 + 최솟값 $= 0$

답 ②

15 일차변환 f를 나타내는 행렬 A가 다음과 같다.

$$A = \begin{pmatrix} \cos\dfrac{\pi}{4} & -\sin\dfrac{\pi}{4} \\ \sin\dfrac{\pi}{4} & \cos\dfrac{\pi}{4} \end{pmatrix}$$

이때 합성변환 $f \circ f$에 의해 점 $(1, -1)$이 옮겨지는 점의 좌표를 구하시오. (2018년)

① $(1, 1)$

② $(-1, 1)$

③ $(1, -1)$

④ $(-1, -1)$

[해설]

$A = \begin{pmatrix} \cos\dfrac{\pi}{4} & -\sin\dfrac{\pi}{4} \\ \sin\dfrac{\pi}{4} & \cos\dfrac{\pi}{4} \end{pmatrix} = \begin{pmatrix} \dfrac{\sqrt{2}}{2} & -\dfrac{\sqrt{2}}{2} \\ \dfrac{\sqrt{2}}{2} & \dfrac{\sqrt{2}}{2} \end{pmatrix}$

$A \circ A = \begin{pmatrix} \dfrac{\sqrt{2}}{2} & -\dfrac{\sqrt{2}}{2} \\ \dfrac{\sqrt{2}}{2} & \dfrac{\sqrt{2}}{2} \end{pmatrix} \begin{pmatrix} \dfrac{\sqrt{2}}{2} & -\dfrac{\sqrt{2}}{2} \\ \dfrac{\sqrt{2}}{2} & \dfrac{\sqrt{2}}{2} \end{pmatrix} = \begin{pmatrix} 0 & -1 \\ 1 & 0 \end{pmatrix}$

$\therefore\ \begin{pmatrix} 0 & -1 \\ 1 & 0 \end{pmatrix}\begin{pmatrix} 1 \\ -1 \end{pmatrix} = \begin{pmatrix} 1 \\ 1 \end{pmatrix}$

$\therefore$ 좌표 : $(1, 1)$

답 ①

16 다음과 같이 정의된 함수 $f(x)$가 $x=0$에서 연속일 때, 상수 a의 값을 구하시오. (2018년)

$$f(x)=\begin{cases} \dfrac{2e^{3x}-2}{3x(e^x+1)} &, \ x\neq 0 \\ a &, \ x=0 \end{cases}$$

① -2 ② -1

③ 0 ④ 1

[해설] 함수의 연속의 정의에 의하면 $f(x)$는 다음 세 조건을 만족해야 한다.

- $x=0$에서 함수값 $f(0)$이 존재해야 한다.

  $\Rightarrow f(0)=a$

- 극한값 $\lim\limits_{x \to 0}f(x)$가 존재해야 한다.

  $\Rightarrow \lim\limits_{x \to 0}f(x)=\lim\limits_{x \to 0}\dfrac{2e^{3x}-2}{3x(e^x+1)}=\lim\limits_{x \to 0}\dfrac{6e^{3x}}{3(e^x+1)+3xe^x}=1 \ (\because$ 로피탈 정리)

- $f(0)=\lim\limits_{x \to 0}f(x)$

  $\Rightarrow f(0)=a$이고 $\lim\limits_{x \to 0}f(x)=1$이므로

  $\therefore \ a=1$

답 ④

17 다음 중적분의 값을 구하시오.

(2018년)

$$\int_{-2}^{2}\int_{-\sqrt{4-y^2}}^{\sqrt{4-y^2}} \ln(x^2+y^2+4)dxdy$$

① $\pi(16\ln2-4)$ ② $\pi(4\ln3-16)$

③ $\pi(8\ln2-2)$ ④ $\pi(2\ln3-16)$

[해설] 극좌표 $(r,\ \theta)$에 대하여 $D=\{(r,\ \theta)|a\le r\le b,\alpha\le\theta\le\beta\}$이고 $f(x,\ y)$가 D 위에서 연속이면

$$\iint f(x,\ y)dxdy=\int_{\alpha}^{\beta}\int_{a}^{b}f(r\cos\theta,\ r\sin\theta)rdrd\theta$$

주어진 식에서 x의 범위는 $-\sqrt{4-y^2}\le x\le\sqrt{4-y^2}$ 이다.

즉 $x^2+y^2\le4$이다.

$x=r\cos\theta$, $y=r\sin\theta$라 하면 $x^2+y^2=r^2\le4$이고 r의 범위는 $0\le r\le2$이다($\because\ r>0$).

공식을 이용하면
$$\int_{-2}^{2}\int_{-\sqrt{4-y^2}}^{\sqrt{4-y^2}}\ln(x^2+y^2+4)dxdy=\int_{0}^{2\pi}\int_{0}^{2}\ln(r^2+4)rdrd\theta$$

$$=\int_{0}^{2\pi}\left\{\left[\frac{1}{2}r^2\cdot\ln(r^2+4)\right]_{0}^{2}-\int_{0}^{2}\frac{1}{2}r^2\cdot\frac{2r}{r^2+4}dr\right\}d\theta$$

$$=\int_{0}^{2\pi}\left\{2\ln8-\int_{0}^{2}\frac{r^3}{r^2+4}dr\right\}d\theta$$

$$=\int_{0}^{2\pi}\left\{2\ln8-\int_{0}^{2}\frac{r(r^2+4)-4r}{r^2+4}dr\right\}d\theta$$

$$=[\theta\cdot2\ln8]_{0}^{2\pi}-\int_{0}^{2\pi}\left\{\int_{0}^{2}r-\frac{4r}{r^2+4}dr\right\}d\theta$$

$$=4\pi\ln8-\int_{0}^{2\pi}\left[\frac{1}{2}r^2-2\ln(r^2+4)\right]_{0}^{2}d\theta$$

$$=4\pi\ln8-\int_{0}^{2\pi}(2-2\ln8)-(0-2\ln4)d\theta$$

$$=12\pi\ln2-\int_{0}^{2\pi}(2-2\ln2)d\theta$$

$$=12\pi\ln2-[(2-2\ln2)\theta]_{0}^{2\pi}$$

$$=12\pi\ln2-(2-2\ln2)\cdot2\pi$$

$$=16\pi\ln2-4\pi$$

$$=\pi(16\ln2-4)$$

[답] ①

18 연속함수 $f(x)$가 다음 조건을 만족할 때, $\int_0^a \{f(2x)+f(2a-x)\}dx$의 값을 구하시오(단, a는 상수).

(2018년)

> (가) 모든 실수 x에 대해 $f(a-x)=f(a+x)$
>
> (나) $\int_0^a f(x)dx = 6$

① 12   ② 15

③ 18   ④ 21

해설 조건 (가)에 의해 $f(x)$는 $x=a$에서 대칭인 함수임을 알 수 있다.

조건 (나)에 의해 $\int_0^a f(x)dx = 6$이고 위의 대칭성을 이용하면 $\int_a^{2a} f(x)dx = 6$이므로

$\int_0^{2a} f(x)dx = 12$이다.

$\int_0^a f(2x)dx$에서 $2x=t$로 치환을 하여 식을 전개하면 다음과 같다($2dx=dt$).

$\int_0^a f(2x)dx = \int_0^{2a} f(t)\frac{1}{2}dt = 12 \times \frac{1}{2} = 6$

$\int_0^a f(2a-x)dx$에서 $2a-x=t$로 치환을 하여 식을 전개하면 다음과 같다($-dx=dt$).

$\int_0^a f(2a-x)dx = \int_{2a}^a f(t)(-dt) = \int_a^{2a} f(t)dt = 6$

$\therefore \int_0^a \{f(2x)+f(2a-x)\}dx = \int_0^a f(2x)dx + \int_0^a f(2a-x)dx = 6+6 = 12$

답 ①

19 미분가능한 함수 $f(x)$가 다음 등식을 만족할 때, $f(0)$의 값을 구하시오.

(2018년)

$$\int_{\ln 3}^x e^t f(t)dt = e^{2x} - ae^x + 3$$

① -2 ② 0

③ 2   ④ 3

해설 $\int_{\ln 3}^x e^t f(t)dt = e^{2x} - ae^x + 3$의 양변을 x에 대해 미분하면 다음과 같다.

$e^x f(x) = 2e^{2x} - ae^x$ $\quad \therefore f(x) = 2e^x - a$

$\int_{\ln 3}^x e^t f(t)dt = e^{2x} - ae^x + 3$의 양변에 $x = \ln 3$을 대입한 식은 다음과 같다.

$\int_{\ln 3}^{\ln 3} e^t f(t)dt = e^{\ln 3} - ae^{\ln 3} + 3 = 9 - 3a + 3 = 0$ $\quad \therefore a = 4$

$\therefore f(x) = 2e^x - 4 \Rightarrow f(0) = 2e^0 - 4 = -2$

답 ①

20 전이확률행렬(transition probability matrix) P가 다음과 같을 때, $\lim_{n \to \infty} P^{(n)}$의 $(1, 2)$ 성분의 값을 구하시오.

(2018년)

$$P = \begin{pmatrix} \dfrac{1}{2} & \dfrac{1}{2} \\ \dfrac{1}{4} & \dfrac{3}{4} \end{pmatrix}$$

① $\dfrac{1}{3}$ ② $\dfrac{2}{5}$

③ $\dfrac{2}{3}$ ④ $\dfrac{4}{5}$

[해설]

$\lim_{n \to \infty} P^{(n)} = \begin{pmatrix} a & b \\ c & d \end{pmatrix}$ 로 수렴한다면 $\begin{pmatrix} a & b \\ c & d \end{pmatrix} P = \begin{pmatrix} a & b \\ c & d \end{pmatrix} \begin{pmatrix} \dfrac{1}{2} & \dfrac{1}{2} \\ \dfrac{1}{4} & \dfrac{3}{4} \end{pmatrix}$ 또한 $\begin{pmatrix} a & b \\ c & d \end{pmatrix}$ 로 수렴해야 한다.

따라서 $\begin{pmatrix} a & b \\ c & d \end{pmatrix} = \begin{pmatrix} a & b \\ c & d \end{pmatrix} \begin{pmatrix} \dfrac{1}{2} & \dfrac{1}{2} \\ \dfrac{1}{4} & \dfrac{3}{4} \end{pmatrix} = \begin{pmatrix} \dfrac{1}{2}a + \dfrac{1}{4}b & \dfrac{1}{2}a + \dfrac{3}{4}b \\ \dfrac{1}{2}c + \dfrac{1}{4}d & \dfrac{1}{2}c + \dfrac{3}{4}d \end{pmatrix}$ 이다.

첫 번째 행을 비교해보면 다음과 같은 식을 얻을 수 있다.

$a = \dfrac{1}{2}a + \dfrac{1}{4}b$, $b = \dfrac{1}{2}a + \dfrac{3}{4}b$ 이 두 방정식을 정리하면 $2a = b$이다.

전이행렬은 각 행의 합이 1이 되므로 $a + b = \dfrac{1}{2}b + b = \dfrac{3}{2}b = 1$이 된다.

$\therefore b = \dfrac{2}{3}$

따라서 $(1, 2)$의 성분의 값 b는 $\dfrac{2}{3}$ 이다.

[답] ③

실패하는 게 두려운 게 아니라
노력하지 않는 게 두렵다.

- 마이클 조던 -

제2편

확률통계학

합격의 공식 SD에듀 www.sdedu.co.kr

보험계리사 1차

www.**sdedu**.co.kr

01 | 순열과 조합

1. 순열

(1) 순열

① 합의 법칙과 곱의 법칙

㉠ 합의 법칙 : 두 사건 A, B가 동시에 일어나지 않을 때, 사건 A와 사건 B가 일어나는 경우의 수가 각각 m, n이면 사건 A 또는 사건 B가 일어나는 경우의 수는 $m+n$가지이다.

㉡ 곱의 법칙 : 사건 A가 일어나는 경우의 수가 m이고, 그 각각에 대하여 사건 B가 일어나는 경우의 수가 n일 때, 두 사건 A, B가 동시에 일어나는 경우의 수는 $m \times n$가지이다.

② 순열의 정의 : 서로 다른 n개에서 서로 다른 $r(0 < r \le n)$개를 택하여 순서를 생각하여 일렬로 나열한 것을 순열이라 한다. 순열의 수는 $_nP_r = \dfrac{n!}{(n-r)!} = n(n-1)(n-2)\cdots(n-r+1)$

[참고] $0! = 1$, $_nP_0 = 1$

(2) 원순열

서로 다른 n개를 원형으로 배열하는 원순열의 수는 $\dfrac{n!}{n} = (n-1)!$이다.

(3) 중복순열

서로 다른 n개에서 중복을 허용하여 r개를 택하여 일렬로 배열하는 중복순열의 수는 $_n\Pi_r = n^r$이다.

(4) 같은 것이 있는 순열

n개 중에서 같은 것이 각각 p개, q개,$\cdots$,r개씩 있을 때, n개를 일렬로 배열하는 순열의 수는 $\dfrac{n!}{p!q!\cdots r!}$ 이다 (단, $p+q+\cdots+r=n$).

2. 조합

(1) 조합

서로 다른 n개에서 순서를 생각하지 않고 $r(0 < r \leq n)$개를 택하는 것을 n개에서 r개를 택하는 조합이라 한다. 조합의 수는 $_nC_r = \dfrac{_nP_r}{r!} = \dfrac{n!}{r!(n-r)!}$ (단, $0 \leq r \leq n$)

참고 $_nC_0 = 1$

(2) 중복조합

서로 다른 n개에서 중복을 허용하여 r개를 택하는 중복조합의 수는 $_nH_r = {}_{n+r-1}C_r$이다.

(3) 이항정리

① 이항정리

n이 자연수일 때 $(a+b)^n$의 전개식은 다음과 같다.

$$(a+b)^n = \sum_{r=0}^{n} {}_nC_r a^{n-r}b^r = {}_nC_0 a^n + {}_nC_1 a^{n-1}b + \cdots + {}_nC_r a^{n-r}b^r + \cdots + {}_nC_n b^n$$

참고 • $_nC_r = {}_nC_{n-r}$

• $2^n = (1+1)^n = {}_nC_0 + {}_nC_1 + {}_nC_2 + \cdots + {}_nC_n$

• $0 = (1-1)^n = {}_nC_0 - {}_nC_1 + {}_nC_2 - \cdots (-1)^n {}_nC_n$

② 파스칼의 삼각형

$n=0, 1, 2, \cdots$일 때 $(a+b)^n$의 전개식에서 각 항의 이항계수를 다음과 같이 삼각형 모양으로 차례로 배열한 것을 파스칼의 삼각형이라고 한다.

$$\binom{0}{0}$$

$$\binom{1}{0} \quad \binom{1}{1} \qquad\qquad\qquad\qquad 1$$

$$\qquad\qquad\qquad\qquad\qquad 1 \quad 1$$

$$\binom{2}{0} \quad \binom{2}{1} \quad \binom{2}{2} \qquad\qquad 1 \quad 2 \quad 1$$

$$\qquad\qquad\qquad\qquad 1 \quad 3 \quad 3 \quad 1$$

$$\binom{3}{0} \quad \binom{3}{1} \quad \binom{3}{2} \quad \binom{3}{3} \qquad 1 \quad 4 \quad 6 \quad 4 \quad 1$$

$$\binom{4}{0} \quad \binom{4}{1} \quad \binom{4}{2} \quad \binom{4}{3} \quad \binom{4}{4} \qquad 1 \quad 5 \quad 10 \quad 10 \quad 5 \quad 1$$

$$\qquad\qquad\qquad\qquad\qquad 1 \quad 6 \quad 15 \quad 20 \quad 15 \quad 6 \quad 1$$

$$\binom{5}{0} \quad \binom{5}{1} \quad \binom{5}{2} \quad \binom{5}{3} \quad \binom{5}{4} \quad \binom{5}{5} \quad 1 \quad 7 \quad 21 \quad 35 \quad 35 \quad 21 \quad 7 \quad 1$$

파스칼의 삼각형에서 다음과 같은 관계식이 성립하는 것을 알 수 있다.

$$_nC_r = {}_{n-1}C_{r-1} + {}_{n-1}C_r \ (1 \leq r < n)$$

02 | 확률과 확률변수

1. 확률

(1) 확률의 뜻

① 확률

㉠ 시행과 사건

- 시행 : 동등한 조건에서 여러 차례 반복할 수 있는 실험이나 관찰
- 표본공간 : 어떤 시행에서 일어날 수 있는 모든 결과의 집합 S
- 사건 : 표본공간의 부분집합
- 근원사건 : 원소 한 개로 이루어진 사건
- 합사건 : 두 사건 A, B에 대해서 A 또는 B가 일어나는 사건($A \cup B$)을 A와 B의 합사건이라고 한다.
- 곱사건 : 두 사건 A, B에 대해서 A와 B가 동시에 일어나는 사건($A \cap B$)을 A와 B의 곱사건이라고 한다.
- 배반사건 : 두 사건 A, B에 대해서 A와 B가 동시에 일어나지 않을 때($A \cap B = \varnothing$) A와 B를 서로 배반사건이라고 한다.
- 여사건 : 사건 A에 대하여 A가 일어나지 않는 사건을 A의 여사건이라고 한다. 이것을 기호로 A^C와 같이 나타내고 사건 A와는 다음과 같은 관계가 있다. $P(A) + P(A^C) = 1$

㉡ 확률의 정의

- 고전적 정의(수학적 확률)

  어떤 시행에서 표본공간의 원소의 개수가 $n(S)$로 유한하고, 모든 근원사건의 확률이 같다고 할 때, 사건 A의 원소의 개수가 $n(A)$이면 사건 A가 일어날 확률은 $P(A) = \dfrac{n(A)}{n(S)}$이다.

- 경험적 정의(통계적 확률)

  같은 시행을 n번 반복하여 사건 A가 일어난 횟수를 r_n이라고 할 때, n을 한없이 크게 하여 상대도수 $\dfrac{r_n}{n}$이 일정한 값 p에 가까워지면 이 값 p를 사건 A의 통계적 확률이라고 한다.

- 공리적 정의

  표본공간 S의 부분집합인 사건 A에 대하여 다음의 조건을 만족하는 실수 $P(A)$를 사건 A의 확률이라고 한다.

  조건1 $0 \le P(A) \le 1$

  조건2 $P(S) = 1$

  조건3 서로 배반인 사건 A_1, A_2, A_3, $\cdots$에 대하여 $P\left(\bigcup_{n=1}^{\infty} A_n\right) = \sum_{n=1}^{\infty} P(A_n)$

② 확률의 성질
　㉠ 확률의 기본성질
　표본공간 S와 사건 A, B에 대하여 다음이 성립한다.
　　• $P(A^C)=1-P(A)$
　　• $P(\varnothing)=0$
　　• $A \subset B \implies P(A) \leq P(B)$
　㉡ 확률의 덧셈정리
　두 사건 A, B에 대하여 $P(A \cup B)=P(A)+P(B)-P(A \cap B)$이고, 특히 두 사건 A, B가 서로
　배반사건이면 $P(A \cup B)=P(A)+P(B)$이다.
　㉢ 여사건의 확률
　사건 A의 여사건 A^C의 확률은 $P(A^C)=1-P(A)$이다.

(2) 조건부 확률

① 조건부 확률

사건 A가 일어났을 때의 사건 B의 조건부확률은 $P(B|A)=\dfrac{P(A \cap B)}{P(A)}$ (단, $P(A)>0$)이다.

② 확률의 곱셈정리
두 사건 A, B에 대하여 $P(A)>0$, $P(B)>0$일 때, A, B가 동시에 일어날 확률은 $P(A \cap B)=P(A)$
$P(B|A)$이다.

③ 독립과 종속
　㉠ 독립 사건
　　• 두 사건 A, B가 서로의 확률에 영향을 끼치지 않을 때 즉, $P(B|A)=P(B)$ 또는 $P(A|B)=P(A)$
　　일 때 두 사건 A, B는 서로 독립이라고 한다.
　　• 두 사건 A, B가 서로 독립이기 위한 필요충분조건은 $P(A \cap B)=P(A)P(B)$ (단, $P(A)>0$,
　　$P(B)>0$)
　㉡ 종속 사건
　서로 독립이 아닌 두 사건을 종속사건이라 한다.

④ 베이즈 정리
표본공간 S가 서로 배반인 사건 A_1, A_2, A_3, $\cdots$, A_n으로 구성되고 임의의 사건 B가 일어났을 때

다음 공식이 성립한다. $P(A_k|B)=\dfrac{P(A_k \cap B)}{P(B)}=\dfrac{P(A_k)P(B|A_k)}{\displaystyle\sum_{i=1}^{n} P(A_i)P(B|A_i)}$

⑤ 독립시행의 확률
1회의 시행에서 사건 A가 일어날 확률이 p일 때, n회의 독립시행에서 사건 A가 r회 일어날 확률은
${}_nC_r p^r (1-p)^{n-r}$ (단, $r=0$, 1, 2, $\cdots$, n)이다.

2. 확률변수

(1) 확률변수

① **확률변수** : 표본공간 S의 각 원소 x에 대하여 실수값 $X(x)$를 대응시키는 함수 $X : S \to R$를 확률변수라 한다. 이때 표본공간 S가 정의역이고 실수 집합 R이 공역이다.

② **확률분포함수** : 함수 X가 확률변수일 때, 모든 실수 x에 대하여 $F(x) = P(X \leq x)$로 정의된 함수 $F : R \to [0, 1]$을 X의 확률분포함수라고 한다.

> [예] 표본공간 $S = \{H, T\}$에 대하여 $X(\{H\}) = 0$, $X(\{T\}) = 1$인 확률변수 X에 대한 확률분포가 $P(\{H\}) = 1 - p$, $P(\{T\}) = p$로 주어졌을 때, 그 확률분포함수는 다음과 같다.
>
> $$F(x) = \begin{cases} 0 & (x < 0) \\ 1 - p & (0 \leq x < 1) \\ 1 & (1 \leq x) \end{cases}$$

(2) 이산확률변수와 연속확률변수

① **이산확률변수**

   ⊙ 이산확률변수

     확률변수 $X : S \to R$에 대하여 치역 $X(S)$의 원소의 개수를 셀 수 있는 경우 X를 이산확률변수라 한다.

   ⊙ 확률질량함수

     이산확률변수 X의 각 값 $x_1, x_2, \cdots, x_n$과 그 값을 취할 확률 $p_1, p_2, \cdots, p_n$ 사이의 대응 관계를 X의 확률분포라 하고 이를 나타내는 함수 $f(x) = P(X = x)$를 X의 확률질량함수(Probability function)라 한다. 확률질량함수의 성질은 다음과 같다.

     • $0 \leq f(x_i) \leq 1$ $(i = 1, 2, 3, \cdots)$

     • $\displaystyle\sum_{i=1}^{\infty} f(x_i) = 1$

     • 확률분포함수 $F(x) = \displaystyle\sum_{x_i \leq x} f(x_i)$

     • $f(x_i) = F(x_i) - F(x_{i-1})$

② **연속확률변수**

   ⊙ 연속확률변수

     확률변수 X가 실수 구간 사이의 모든 실수값을 가져서 치역의 원소를 셀 수 없는 경우 X를 연속확률변수라 한다.

   ⊙ 확률밀도함수

     연속확률변수 X가 구간 $[\alpha, \beta]$에 속하는 모든 실수값을 가질 때, 확률밀도함수(Probability density function) $f(x)$는 다음 세 조건을 만족하는 함수로 정의된다.

     • $f(x) \geq 0$

     • $\displaystyle\int_{\alpha}^{\beta} f(x) dx = 1$

$$\bullet \ \alpha \le a \le b \le \beta \ \Rightarrow \ P(a \le X \le b) = \int_a^b f(x)dx$$

참고 연속확률변수의 확률분포함수는 $F(x) = P(X \le x) = \int_{-\infty}^{\infty} f(t)dt$ (f : 확률밀도함수)

(3) 기댓값

① 이산확률변수

이산확률변수 X의 확률질량함수가 $P(X = x_i) = f(x_i)$ $(i = 1, 2, \cdots, n)$일 때,

X의 기댓값(평균)은 $E(X) = x_1 f(x_1) + x_2 f(x_2) + \cdots + x_n f(x_n) = \sum_{i=1}^{n} x_i f(x_i)$ 이다.

② 연속확률변수

연속확률변수 X의 확률밀도함수가 $f(x)$일 때,

X의 기댓값(평균)은 $E(X) = \int_\alpha^\beta x \cdot f(x)dx$ 이다.

③ 기댓값의 성질

확률변수 X, 함수 g_1, g_2, 상수 a, b에 대하여 다음이 성립한다.

㉠ $E(a) = a$

㉡ $E(aX) = aE(X)$

㉢ $E(aX \pm b) = aE(X) \pm b$

㉣ $E(a \cdot g_1(X) \pm b \cdot g_2(X)) = aE(g_1(X)) + bE(g_2(X))$

참고 함수 $g : R \to R$에 대하여 $g(X)$의 기댓값은 다음과 같다.

$$E(g(X)) = \begin{cases} \sum_i g(x_i)f(x_i), & (X : 이산확률변수) \\ \int_\alpha^\beta g(x)f(x)dx, & (X : 연속확률변수) \end{cases}$$

(4) 분산과 표준편차

① 분산

㉠ 분산

확률변수 X의 평균이 $E(X)$이고 편차가 $X - E(X)$일 때, 편차 제곱의 평균 $E((X - E(X))^2)$을

X의 분산이라 하고 $V(X)$로 표기한다.

$V(X) = E((X - E(X))^2) = E(X^2) - (E(X))^2$

㉡ 이산확률변수의 분산

이산확률변수 X의 확률질량함수가 $P(X = x_i) = f(x_i)$ $(i = 1, 2, \cdots, n)$이고 평균이 $E(X) = m$일 때,

X의 분산은 $V(X) = E((X - m)^2) = \sum_{i=1}^{n} (x_i - m)^2 f(x_i)$ 이다.

ⓒ 연속확률변수의 분산

연속확률변수 X의 확률밀도함수가 $f(x)$이고 평균이 $E(X) = m$이면 X의 분산은

$V(X) = E\big((X-m)^2\big) = \int_{\alpha}^{\beta}(x-m)^2 f(x)dx$ 이다.

② 표준편차

분산의 음이 아닌 제곱근 $\sqrt{V(X)}$ 을 확률변수 X의 표준편차라고 하며 기호로 $\sigma(X)$ 또는 σ와 같이 나타낸다. $\sigma(X) = \sqrt{V(X)} = \sqrt{E\big((X-m)^2\big)}$

이산확률변수와 연속확률변수 각각에 대한 분산의 음이 아닌 제곱근으로 계산한다.

③ 분산, 표준편차의 성질

모든 확률변수 X에 대하여 다음과 같은 성질이 성립한다(단, a, b는 상수).

ⓐ $V(X \pm b) = V(X)$

ⓑ $V(aX) = a^2 V(X)$

ⓒ $V(aX \pm b) = a^2 V(X)$

ⓓ $\sigma(X \pm b) = \sigma(X)$

ⓔ $\sigma(aX) = |a|\sigma(X)$

ⓕ $\sigma(aX \pm b) = |a|\sigma(X)$

(5) 결합확률분포

① 결합확률분포

두 개의 확률변수 X, Y에 대하여 함수 $F(x,y) = P(X \leq x, Y \leq y)$, $-\infty < x$, $y < \infty$를 X와 Y의 결합확률분포라 한다.

② 주변확률분포함수

X의 확률분포를 $F_X(x) = P(X \leq x) = P(X \leq x, Y < \infty) = F(x, \infty)$와 같이 정의하고 Y의 확률분포를 $F_Y(y) = P(Y \leq y) = F(\infty, y)$와 같이 정의할 때, $F_X(x)$, $F_Y(y)$를 $F(x, y)$의 주변확률분포함수라고 한다.

③ 확률변수 X, Y가 이산인 경우

ⓐ 결합확률질량함수 : $f(x_i, y_i) = P(X = x_i, Y = y_i)$

ⓑ X의 확률질량함수 : $f_X(x_i) = \sum_j f(x_i, y_j)$

ⓒ Y의 확률질량함수 : $f_Y(y_j) = \sum_i f(x_i, y_j)$

④ 확률변수 X, Y가 연속인 경우

ⓐ 결합확률밀도함수

연속확률변수 X, Y의 결합확률분포가 $F(x, y) = \int_{-\infty}^{y}\int_{-\infty}^{x} f(s, t)dsdt$를 만족하는 음이 아닌 함수 $f(x, y)$를 X, Y의 결합확률밀도함수라 하고 다음과 같은 성질을 가진다.

· $f(x, y) \geq 0$

· $\int_{-\infty}^{\infty}\int_{-\infty}^{\infty} f(x, y)dxdy = 1$

- 결합분포함수가 $F(x, y)$일 때, $f(x, y) = \dfrac{\partial^2}{\partial x \partial y} F(x, y)$

ⓛ X의 주변확률밀도함수 : $f_X(x) = \displaystyle\int_{-\infty}^{\infty} f(x, y) dy$

ⓒ Y의 주변확률밀도함수 : $f_Y(y) = \displaystyle\int_{-\infty}^{\infty} f(x, y) dx$

⑤ 조건부 기댓값

Y가 주어진 경우 X의 조건부 기댓값은 다음과 같이 정의된다.

ⓐ 이산확률변수

$E(X \mid Y = y) = \sum x P(X = x \mid Y = y)$ (단 $P(Y = y) \neq 0$)

$$P(X \mid Y = y) = \begin{cases} \dfrac{P(X = x_1 \cap Y = y)}{P(Y = y)} \\ \dfrac{P(X = x_2 \cap Y = y)}{P(Y = y)} \end{cases}$$

ⓑ 연속확률변수

$E(X \mid Y = y) = \displaystyle\int_{-\infty}^{\infty} x \dfrac{f(x, y)}{f_Y(y)} dx = \int_{-\infty}^{\infty} x f_{X \mid Y}(x \mid y) dx$ (단, $f_Y(y) \neq 0$)

(6) 공분산과 상관계수

① 공분산

두 확률변수 X와 Y의 상호 변동을 나타내는 척도를 X와 Y의 공분산이라 하고 이것을 $Cov(X, Y)$ $= E[(X - E(X))(Y - E(Y))]$로 나타낸다. 기댓값의 성질을 사용하면 다음과 같이 계산할 수 있다.

$Cov(X, Y) = E(XY) - E(X)E(Y)$

② 상관계수(Pearson correlation coefficient)

두 변수 X, Y 사이의 선형 관계를 측정하는 통계적 지표를 상관계수라고 하고,

$Corr(X, Y) = \dfrac{\sum(x_i - \overline{x})(y_i - \overline{y})}{\sqrt{\sum(x_i - \overline{x})^2 \sum(y_i - \overline{y})^2}}$ 로 나타낸다($\overline{x}$는 X의 평균, $\overline{y}$는 Y의 평균).

공분산과 표준편차의 정의를 이용하면 $Corr(X, Y) = \dfrac{Cov(X, Y)}{\sigma_X \sigma_Y}$ 라 할 수 있다. 상관계수의 값의 범위

는 다음과 같다.

$-1 \leq Corr(X, Y) \leq 1$

③ 공분산, 상관계수의 성질

ⓐ X, Y가 상호독립이면 $Cov(X, Y) = 0$

ⓑ $Cov(aX + b, cY + d) = ac\,Cov(X, Y)$

ⓒ $Corr(aX + b, cY + d) = \begin{cases} Corr(X, Y) & , ac > 0 \\ -Corr(X, Y) & , ac < 0 \end{cases}$

ⓓ $V(X + Y) = V(X) + V(Y) + 2Cov(X, Y)$

ⓔ $V(X - Y) = V(X) + V(Y) - 2Cov(X, Y)$

ⓗ X, Y가 상호독립이면 $V(X \pm Y) = V(X) + V(Y)$

ⓢ $E(X + Y) = E(X) + E(Y)$

(7) 적률생성함수

① 적률생성함수

확률변수 X에 대해서 $M_x(t) = E(e^{tx})$을 적률생성함수(moment generating function)라고 한다.

② 이산확률변수

$$M_x(t) = \sum_x e^{tx} f(x)$$

③ 연속확률변수

$$M_x(t) = \int_{-\infty}^{\infty} e^{tx} f(x) dx$$

④ 1차 적률과 2차 적률

㉠ 1차 적률

$$\left[\frac{d}{dt} M_x(t) \right]_{t=0} = \left[\frac{d}{dt} E(e^{tX}) \right]_{t=0} = \left[E[Xe^{tX}] \right]_{t=0} = E(X)$$

㉡ 2차 적률

$$\left[\frac{d^2}{dt^2} M_x(t) \right]_{t=0} = \left[\frac{d^2}{dt^2} E(e^{tX}) \right]_{t=0} = \left[E[X^2 e^{tX}] \right]_{t=0} = E(X^2)$$

⑤ 적률생성함수의 성질

- $M_{X+c}(t) = e^{ct} M_X(t)$

- $M_{kX}(t) = M_X(kt)$

- $M_{aX+b}(t) = e^{bt} M_X(at)$

- X, Y가 독립이면, $M_{X+Y}(t) = M_X(t) \cdot M_Y(t)$

- $M(t) = E(e^{tX}) = 1 + E(X)t + \frac{E(X^2)t^2}{2!} + \cdots + \frac{E(X^k)t^k}{k!} + \cdots = \sum_{k=0}^{\infty} \frac{E(X^k)t^k}{k!}$

03 | 이산확률분포

1. 이항분포

(1) 이항분포

한 번의 시행에서 사건 A가 일어날 확률이 p로 일정할 때, n번의 독립시행에서 사건 A가 일어나는 횟수를 X라고 하면 X는 0, 1, 2, $\cdots$, n의 값을 가지는 이산확률변수이다. 이때 확률변수 X의 확률질량함수는 다음과 같다.

$P(X=x)={}_nC_xp^xq^{n-x}$ (단, $x=0,\ 1,\ 2,\ \cdots,\ n,\ p+q=1$)

이와 같은 확률분포를 이항분포라고 하며 기호로 $X \sim B(n,\ p)$와 같이 나타낸다(n : 시행 횟수, p : 각 시행에서 사건 A가 일어날 확률).

참고 $n=1$인 경우를 베르누이 시행이라고 하며 그 확률분포를 베르누이 확률분포라 한다. 즉 이항분포의 확률변수 X란 베르누이 시행 $B(1,\ p)$을 n번 독립적으로 시행하는 경우의 확률변수이다.

예문 어느 자동차 보험 회사에 전화하는 사람들 중에서 실제로 보험에 가입하는 사람은 30%라고 한다. 이 보험 회사에 전화한 5명의 사람 중에서 보험에 가입한 사람이 3명일 확률을 구하여라.

풀이 $P(X=3)={}_5C_3(0.3)^3(1-0.3)^2 = 10 \cdot 0.3^3 \cdot 0.7^2$

(2) 이항분포의 평균과 분산

확률변수 X가 이항분포 $B(n,\ p)$를 따를 때

① 평균 : $E(X)=np$

② 분산 : $V(X)=npq$ (단, $p+q=1$)

③ 표준편차 : $\sigma(X)=\sqrt{npq}$ (단, $p+q=1$)

예문 한 개의 주사위를 360회 던질 때, 5의 눈이 나오는 횟수의 평균과 분산을 구하여라.

풀이 $n=360$, $p=\dfrac{1}{6}$이므로

$$E(X)=np=360 \times \frac{1}{6}=60, \quad V(X)=npq=360 \times \frac{1}{6} \times \left(1-\frac{1}{6}\right)=50$$

(3) 큰수의 법칙

매회의 시행에서 A가 일어날 확률이 p일 때, n번의 독립시행에서 사건 A가 일어나는 횟수를 X라고 하면, 임의의 양수 h에 대하여 $\displaystyle\lim_{n \to \infty}P\left(\left|\frac{X}{n}-p\right|<h\right)=1$이다. 즉 시행 횟수 n이 충분히 커짐에 따라 통계적 확률은 수학적 확률과 같아짐을 알 수 있다.

2. 포아송분포

(1) 포아송분포

단위시간 또는 단위구간 내에서 어떤 사건의 발생 횟수 X는 평균 발생 횟수 λ를 모수로 갖는 포아송분포를 따른다. 이를 기호로 $X \sim Poisson(\lambda)$와 같이 나타내며 X의 확률질량함수는 다음과 같다.

$$P(X=x)=f(x)=\frac{e^{-\lambda}\lambda^x}{x!} \ (단, \ x=0, \ 1, \ 2, \ \cdots, \ 0 < \lambda < \infty, \ \lambda : 단위 \ 시간당 \ 평균 \ 발생 \ 횟수)$$

[참고] 포아송분포는 단위 시간당 걸려오는 전화의 횟수 또는 어느 교차로에서 발생하는 교통사고 수의 분포와 같이 광범위한 응용성을 가지고 있다.

[예문] 서류 한 장에서 나오는 오타의 수 X가 $\lambda=1$인 포아송분포를 따른다고 할 때, 5개의 오타가 있을 확률을 구하여라.

[풀이] X의 확률질량함수는 $f(x)=e^{-1}\frac{1^x}{x!}$ 이므로 $P(X=5)=e^{-1}\frac{1}{5!} \fallingdotseq 0.003$이다.

(2) 포아송분포의 평균과 분산

확률변수 X가 모수 λ인 포아송분포를 따를 때
① 평균 : $E(X)=\lambda$
② 분산 : $V(X)=\lambda$
③ 표준편차 : $\sigma(X)=\sqrt{\lambda}$

(3) 포아송분포의 조건

포아송분포로 유의미한 근삿값을 얻으려면 다음 세 가지 조건을 만족시켜야 한다.
① 독립성 : 주어진 구간에서 발생하는 사건의 횟수는 다른 구간에서 발생하는 사건의 횟수와 독립적이다.
② 비집락성 : 짧은 구간에서 2회 이상의 사건이 발생할 가능성은 무시할 정도로 작아 0으로 간주한다.
③ 일정성 : 주어진 구간의 사건 발생횟수는 구간의 길이에 비례한다.

[참고] 일반적으로 $n \geq 20$이고 $p \leq 0.05$면 어느 정도 충분한 조건을 갖추었다고 여겨진다.

(4) 이항분포의 포아송분포 근사

이항분포가 성공률이 작고 시행 횟수가 클 경우에, 포아송분포에 근사하게 된다. 즉, X가 이항분포 $B(n, p)$를 따르는 확률변수이고 $\lambda=np$일 때 다음이 성립한다.

$$P(X=x)={}_nC_x p^x (1-p)^{n-x} \fallingdotseq \frac{e^{-\lambda}\lambda^x}{x!}$$

[예문] 어느 공장에서 생산되는 제품은 1,000개당 평균적으로 한 개가 불량품이라고 한다. 8,000개의 제품 중에서 불량품이 7개 미만일 확률을 구하여라.

[풀이] 불량품의 개수를 X라 하자. $n=8,000$이고 $p=0.001$이므로 $X \sim B(8000, 0.001)$이다. n은 충분히 크고 p는 충분히 작으므로 이항분포를 $\lambda=8,000 \times 0.001=8$인 포아송분포로 근사시킬 수 있다.

따라서 $P(X<7)=\sum_{x=0}^{6}\frac{e^{-8}8^x}{x!} \fallingdotseq 0.3134$이다.

04 | 연속확률분포

1. 균등분포

(1) 균등분포

확률밀도함수가 $f(x) = \begin{cases} \dfrac{1}{b-a} & (a \leq x \leq b) \\ 0 & (x < a, \ x > b) \end{cases}$ 일 때, 확률변수 X는 구간 $[a, b]$ 위에서 균등분포를 가진다.

이를 기호로 $X \sim U(a, b)$와 같이 나타낸다.

(2) 균등분포의 평균과 분산

① 평균 : $E(X) = \dfrac{a+b}{2}$

② 분산 : $V(X) = \dfrac{(b-a)^2}{12}$

③ 표준편차 : $\sigma(X) = \sqrt{\dfrac{(b-a)^2}{12}}$

(3) 균등분포의 확률분포함수

구간 (a, b) 위에서 균등분포를 가지는 확률변수의 확률분포함수는 연속확률분포의 정의 $F(x) = \displaystyle\int_{-\infty}^{x} f(t)dt$

에 의해서 $F(x) = \begin{cases} 0 & (a \geq x) \\ \dfrac{x-a}{b-a} & (a < x < b) \\ 1 & (b \leq x) \end{cases}$ 이다.

2. 지수분포

(1) 지수분포

사건발생까지의 확률변수에 대한 분포이다. 주어진 구간 내 사건 발생 횟수에 대한 분포는 포아송분포를 가정하지만 사건발생까지 대기시간은 지수분포를 가정하여 확률함수를 정한다. 연속확률변수 X와 임의의 실수 $\lambda > 0$에 대하여 확률밀도함수가 다음과 같이 주어질 때 X를 지수분포라 하고 기호로 $X \sim \mathrm{Exp}(\lambda)$와 같이 나타낸다. 여기서 λ는 어떤 사건이 발생하는 데 걸리는 평균시간을 의미한다.

$f(x) = \begin{cases} \lambda e^{-\lambda x} & (0 \leq x < \infty) \\ 0 & (x < 0) \end{cases}$

(2) 지수분포의 평균과 분산

① 평균 : $E(X) = \dfrac{1}{\lambda}$

② 분산 : $V(X) = \dfrac{1}{\lambda^2}$

③ 표준편차 : $\sigma(X) = \sqrt{\dfrac{1}{\lambda^2}}$

(3) 지수분포의 누적분포함수

지수분포를 따르는 연속확률변수 X의 누적분포함수는 다음과 같다.

$$F(x) = \left(1 - e^{-\lambda x}\right)$$

(4) 지수분포의 적률생성함수

지수분포를 따르는 연속확률변수 X의 적률생성함수는 다음과 같다.

$$M_X(t) = E(e^{tX}) = \dfrac{\lambda}{\lambda - t} \quad (단, \ \lambda \geq t)$$

3. 정규분포

(1) 정규분포

① **정규분포** : 강수량, 시험점수, 신생아의 체중 등과 같은 자연 현상이나 사회 현상을 관찰하여 얻은 자료의 상대도수를 계급의 크기를 작게 하여 히스토그램으로 나타내면 자료의 개수가 커질수록 종 모양의 곡선에 가까워진다. 이러한 분포를 정규분포라고 하고 이는 많은 사회 현상을 나타낼 수 있는 유용한 분포이다.

② **확률밀도함수**

연속확률변수 X가 모든 실수값을 가지고, 그 확률밀도함수가 다음과 같을 때, 확률변수 X는 정규분포를 따른다고 하고 기호로 $X \sim N(\mu, \sigma^2)$과 같이 나타낸다.

$$f(x) = \dfrac{1}{\sqrt{2\pi}\,\sigma} e^{-\frac{(x-\mu)^2}{2\sigma^2}} \quad (단, \ -\infty < x < \infty, \ \mu : 평균, \ \sigma : 표준편차)$$

③ **정규분포의 평균과 분산**

㉠ 평균 : $E(X) = \mu$

㉡ 분산 : $V(X) = \sigma^2$

㉢ 표준편차 : $\sigma(X) = \sigma$

④ 정규분포의 특징

정규분포의 확률밀도함수 $f(x)$의 그래프를 정규분포곡선이라고 하며 그 특징은 다음과 같다.

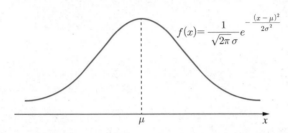

$$f(x)=\frac{1}{\sqrt{2\pi}\,\sigma}e^{-\frac{(x-\mu)^2}{2\sigma^2}}$$

㉠ 임의의 실수 x에 대하여 $f(x) > 0$이다.

㉡ 직선 $x = \mu$에 대하여 대칭이다.

㉢ 곡선과 x축 사이의 넓이는 1이다. 즉 $\displaystyle\int_{-\infty}^{\infty}f(x)dx = 1$이다.

㉣ $x = \mu$일 때 최댓값 $\dfrac{1}{\sqrt{2\pi}\,\sigma}$를 갖는다.

㉤ X가 구간 $[a,\ b]$에 속할 확률 $P(a \leq X \leq b)$는 구간 $[a,\ b]$에서 곡선과 x축 사이의 넓이와 같다.

즉 $\displaystyle\int_{a}^{b}f(x)dx$이다.

㉥ σ가 일정할 때, μ가 변하면 곡선의 모양은 같고 대칭축의 위치만 바뀐다.

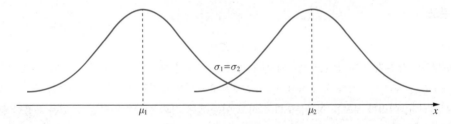

㉦ μ가 일정할 때, σ가 커지면 폭이 넓어지고 낮아지며, σ가 작아지면 폭이 좁아지고 높아진다.

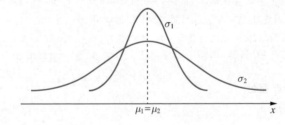

(2) 표준정규분포

① 표준정규분포

확률변수 Z가 평균이 0이고 표준편차가 1인 정규분포를 따를 때, Z는 표준정규분포를 따른다고 하고 기호로 $Z \sim N(0, 1)$과 같이 나타낸다.

② 확률밀도함수

확률변수 Z가 표준정규분포 $N(0, 1)$을 따를 때, Z의 확률밀도함수는 다음과 같다.

$$f(z) = \frac{1}{\sqrt{2\pi}} e^{-\frac{z^2}{2}} \quad (-\infty < z < \infty)$$

③ 확률변수의 표준화

확률변수 X가 정규분포 $N(\mu, \sigma^2)$를 따를 때,

㉠ 확률변수 $Z = \dfrac{X - \mu}{\sigma}$는 표준정규분포 $N(0, 1)$을 따른다.

㉡ $P(a \leq X \leq b) = P\left(\dfrac{a - \mu}{\sigma} \leq Z \leq \dfrac{b - \mu}{\sigma} \right)$

④ 표준정규분포를 이용한 확률 구하기

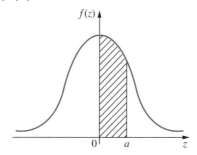

임의의 양수 a에 대하여 $P(0 \leq Z \leq a) = \displaystyle\int_0^a \frac{1}{\sqrt{2\pi}} e^{-\frac{z^2}{2}} dz$이고 이 값은 그림에서 색칠된 부분의 넓이와 같다. 확률변수 Z가 표준정규분포 $N(0, 1)$을 따를 때 $0 \leq Z \leq a$일 확률은 다음과 같은 표준정규분포표를 이용하면 쉽게 찾을 수 있다.

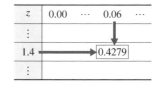

예문 확률변수 X가 정규분포 $N(50, 10^2)$을 따를 때, 표준정규분포표를 이용하여 $P(40 \leq X \leq 70)$을 구하여라.

풀이 $\mu = 50$, $\sigma = 10$이므로 $Z = \dfrac{X - \mu}{\sigma} = \dfrac{X - 50}{10}$, Z는 표준정규분포 $N(0, 1)$을 따른다.

$$P(40 \leq X \leq 70) = P\left(\frac{40 - 50}{10} \leq Z \leq \frac{70 - 50}{10} \right)$$

$$= P(-1 \leq Z \leq 2) = P(0 \leq Z \leq 1) + P(0 \leq Z \leq 2) = 0.8185$$

(3) 이항분포와 정규분포의 관계

확률변수 X가 이항분포 $B(n,\ p)$를 따르고 n이 충분히 클 때, X는 근사적으로 정규분포 $N(np,\ np(1-p))$를 따른다. 보통 $np \geq 5$이고 $n(1-p) \geq 5$를 만족할 때 n을 충분히 큰 값으로 생각한다.

예문 한 개의 주사위를 180회 던질 때, 1의 눈이 20회 이하가 나올 확률을 구하여라.

풀이 1의 눈이 나오는 횟수를 확률변수 X라 하면 $X \sim B\left(180,\ \dfrac{1}{6}\right)$이므로 근사적으로 정규분포 $N(30,\ 5^2)$를 따른다. $P(X \leq 20) = P\left(Z \leq \dfrac{20-30}{5}\right) = P(Z \leq -2) = 0.5 - P(0 \leq Z \leq 2) = 0.0228$

(4) 중심극한정리

확률변수 $X_1,\ X_2,\ \cdots,\ X_n$은 서로 독립이고 평균이 μ, 분산이 σ^2인 같은 분포를 가질 때, $\overline{X_n} = \dfrac{1}{n}\left(X_1 + X_2 + \cdots + X_n\right)$이라 하고 n이 충분히 크면 $Z = \dfrac{\overline{X_n} - \mu}{\dfrac{\sigma}{\sqrt{n}}}$은 근사적으로 표준정규분포 $N(0,\ 1)$을 따른다.

즉 $\overline{X} \sim N\left(\mu,\ \dfrac{\sigma^2}{n}\right)$일 때 $Z \sim N(0,\ 1)$이다.

4. 표본분포

(1) 표본분포

표본분포란 표본통계량의 확률분포이다. 표본통계량이란 모집단의 표본들을 통해서 조사되는 표본평균, 표본분산과 같이 표본의 특성을 나타내는 대푯값을 말한다.

(2) 표본평균의 평균과 분산

모평균이 μ, 모분산이 σ^2인 모집단에서 크기가 n인 확률표본 $X_1,\ X_2,\ \cdots,\ X_n$의 표본평균 $\overline{X_n}$의 평균과 분산은 다음과 같다.

① 평균 : $E(\overline{X}) = \mu$

② 분산 : $V(\overline{X}) = \dfrac{\sigma^2}{n}$

③ 표준편차 : $\sigma(\overline{X}) = \dfrac{\sigma}{\sqrt{n}}$

(3) 표본평균의 특성

① 표본평균 $\overline{X}$의 평균은 모평균과 같고 표본의 크기가 클수록 분산은 0에 가까워진다.

② 모집단의 분포가 정규분포 $N(\mu, \sigma^2)$인 경우 $\overline{X}$는 정규분포 $N\left(\mu, \dfrac{\sigma^2}{n}\right)$를 따른다.

> 참고 모집단의 분포가 정규분포가 아닐 때에는 항상 성립하지 않고 표본의 크기가 충분히 클 때에만 중심극한정리에 의해서 $\overline{X}$는 근사적으로 정규분포 $N\left(\mu, \dfrac{\sigma^2}{n}\right)$를 따른다.

5. 카이제곱분포

(1) 카이제곱분포

카이제곱분포는 k개의 서로 독립적인 표준정규 확률변수를 각각 제곱한 다음 합해서 얻어지는 분포이다. 즉 확률변수 $Z_1,\ Z_2,\ \cdots,\ Z_k$가 각각 표준정규분포를 따르고 독립일 때 그들의 제곱합은 자유도 k인 카이제곱분포를 따르고 기호로 $Z_1^2 + Z_2^2 + \cdots + Z_k^2 \sim \chi^2(k)$와 같이 나타낸다. 이 분포는 표본분산을 알고 모분산을 추정할 때 사용한다.

(2) 카이제곱분포의 평균과 분산

연속확률변수 U를 $U = \displaystyle\sum_{i=1}^{k} Z_i^2$라 하면 $U \sim \chi^2(k)$이고 다음이 성립한다.

① 평균 : $E(U) = k$
② 분산 : $V(U) = 2k$
③ 표준편차 : $\sigma(U) = \sqrt{2k}$

(3) 카이제곱분포의 특성

카이제곱분포의 그래프는 다음과 같고 아래의 특성을 가진다.

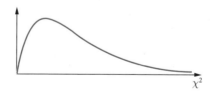

① 그래프는 비대칭 단봉분포이며 양으로 기운 분포의 모양을 하고 있다(오른쪽에 꼬리를 가짐).
② 표본의 크기가 클수록(자유도 k가 클수록) 치우침이 적어진다. 즉 대칭분포로 가까워진다.
③ 특정 구간의 확률의 값은 구간 내에서 그래프 아래의 넓이와 같다.

(4) 정규모집단에서의 표본분산의 분포

확률변수 X_1, X_2, $\cdots$, X_n이 정규분포 $N(\mu,\ \sigma^2)$를 따르는 확률표본일 때, 표본분산에 대하여 통계량 $\dfrac{(n-1)S^2}{\sigma^2}$는 자유도가 $n-1$인 카이제곱분포를 따른다(단, S^2는 표본분산).

즉, $\dfrac{(n-1)S^2}{\sigma^2} \sim \chi^2(n-1)$이다. 카이제곱분포를 이용하여 표본분산을 보고 모분산을 추측할 수 있다.

6. t 분포

(1) t 분포

t분포는 X가 정규분포를 따를 때 표본평균의 분포에서 모집단의 표준편차를 모를 경우 모표준편차 대신 표본표준편차를 사용하는 분포이다.

① 첫 번째 정의

확률변수 Z는 표준정규분포 $N(0,\ 1)$을 따르고, 확률변수 V는 자유도 k인 카이제곱분포를 따르고, Z와 V가 서로 독립일 때, 확률변수 T는 자유도 k인 t분포를 따르고 기호로는 다음과 같이 나타낸다.

$$T = \frac{Z}{\sqrt{\dfrac{V}{k}}} \sim t(k)$$

② 두 번째 정의

X_1, $\cdots$, $X_n \sim N(\mu,\ \sigma^2)$일 때, 확률변수 $\dfrac{\overline{X}-\mu}{\dfrac{S}{\sqrt{n}}}$는 자유도 $n-1$인 t분포를 따른다.

즉 $\dfrac{\overline{X}-\mu}{\dfrac{S}{\sqrt{n}}} \sim t(n-1)$이다($\overline{X}$: 표본평균, S : 표본표준편차).

(2) t 분포의 특성

① 정규분포 그래프와 비교하였을 때 종모양은 유사하나 꼬리 부분이 두꺼운 형태를 가진다.
② 표본이 30 이상이 되면 정규분포에 근사한다.
③ 모평균 추정 시 표본평균을 표준화할 때 표본 크기가 30 이상일 경우에는 표준정규분포를 따르고 30 미만일 때는 t분포를 따른다.

7. F 분포

(1) F 분포

F분포는 두 정규모집단의 분산을 비교하는 추론에 사용된다. V_1, V_2는 각각 자유도 k_1, k_2인 카이제곱분포를 따르는 독립인 확률변수일 때, 확률변수 $F = \dfrac{V_1/k_1}{V_2/k_2}$ 는 자유도 k_1과 k_2를 모수로 갖는 F분포를 따르고 기호로는 다음과 같이 나타낸다. $F = \dfrac{V_1/k_1}{V_2/k_2} \sim F(k_1,\ k_2)$

(2) F 분포의 다른 표현

다음과 같이 두 모집단에서 각각 표본을 뽑았다고 가정하면 F분포를 아래와 같이 나타낼 수 있다. 첫 번째 모집단은 $N(\mu_1,\ \sigma_1^2)$를 따르고 표본의 수가 n_1, 표본분산이 S_1^2이다. 두 번째 모집단은 $N(\mu_2,\ \sigma_2^2)$를 따르고 표본의 수가 n_2, 표본분산이 S_2^2이다.

F분포의 정의에 따라 식을 전개하면 $F = \dfrac{\dfrac{(n_1-1)S_1^2}{\sigma_1^2}/(n_1-1)}{\dfrac{(n_2-1)S_2^2}{\sigma_2^2}/(n_2-1)} = \dfrac{S_1^2/\sigma_1^2}{S_2^2/\sigma_2^2}$ 이다.

즉, $F = \dfrac{S_1^2/\sigma_1^2}{S_2^2/\sigma_2^2} \sim F(n_1-1,\ n_2-1)$ 이다.

05 | 구간 추정

1. 추정

(1) 종류

① 점추정

㉠ 점추정 : 표본을 이용하여 모수를 추정할 때 단 하나의 추측값만을 제시하는 방법을 점추정이라 한다.

㉡ 표준오차 : 추정량의 표준편차를 표준오차라 하고 기호 se로 나타낸다.

㉢ 점추정량 : 모수를 추정하는 데 사용되는 통계량을 점추정량이라고 한다.

㉣ 모평균의 점추정

표본의 크기 n이 충분히 큰 경우

• 평균 μ의 추정량 : $\overline{X}$

• 표준오차 $se(\overline{X}) = \dfrac{\sigma}{\sqrt{n}}$

• 표준오차의 추정량 : $\dfrac{S}{\sqrt{n}}$

[예문] 새로운 품종의 배추를 재배하였는데, 이들의 평균 무게를 추정하기 위하여 40포기를 임의추출하였다. 표본을 측정하여 얻은 통계값 $\displaystyle\sum_{i=1}^{40} = 108$와 $\displaystyle\sum_{i=1}^{40}(x - \overline{x})^2 = 8.58$를 이용하여 모평균을 추정하고 표준오차를 구하여라.

[풀이] 모평균 μ의 추정값 $\overline{x} = \dfrac{1}{40}\displaystyle\sum_{i=1}^{40} x_i = \dfrac{108}{40} = 2.7$

표준오차의 추정값 s는 $s = \sqrt{\dfrac{1}{40-1}\displaystyle\sum_{i=1}^{40}(x-\overline{x})^2} = \sqrt{\dfrac{8.58}{39}} = 0.469$

이므로 $\overline{X}$의 표준오차는 $\dfrac{0.469}{\sqrt{40}} ≒ 0.074$

② 구간추정

㉠ 구간추정 : 표본을 이용하여 모수를 추정할 때 모수가 속해 있을 가능성이 있는 구간을 추측하는 방법을 구간추정이라 한다. 모수 θ에 대하여 $P(a < \theta < b) = 1 - \alpha$일 때 구간 (a, b)를 모수 θ에 대한 $100(1-\alpha)\%$신뢰구간이라고 한다.

㉡ 신뢰구간 : 모수를 포함할 것으로 추정한 구간

㉢ 신뢰수준 : 신뢰구간이 모수를 포함할 확률 $(1-\alpha)$. 이때 α는 모수가 구간을 벗어날 확률, 즉 오차율이다. 동일한 표본추출을 통해 구한 신뢰구간들 중 $100 \times (1-\alpha)\%$는 모수를 포함한다.

(2) 기준

추정의 정확성을 평가할 수 있는 기준은 다음과 같다.

① 불편성(unbiasedness) : 모수의 추정량의 기댓값이 모수가 되는 성질. 즉, $E(\hat{\theta})=\theta$

② 유효성(efficiency) : 추정량이 불편추정량이고 분산이 다른 추정량에 비해 가장 작은 분산을 갖는 성질. 즉, $V(\hat{\theta})$이 작다.

③ 일치성(consistency) : 표본 크기가 커질수록 추정량이 모수에 수렴하는 성질

④ 충분성(sufficiency) : 모수에 대해 가능한 한 많은 표본정보를 내포하는 성질

2. 모평균의 구간추정

모집단의 분포가 정규분포 $N(\mu,\ \sigma^2)$를 따를 때, 크기 n인 표본을 임의추출하여 얻은 표본평균 $\overline{X}$로부터 모평균 μ를 다음과 같은 방법으로 구간추정할 수 있다.

(1) 모분산 σ^2이 알려진 경우

모집단이 정규분포 $N(\mu,\ \sigma^2)$를 따르고 σ^2를 아는 경우 Z통계량을 사용한다.

$\overline{X}\sim N\left(\mu,\ \dfrac{\sigma^2}{n}\right)$이므로 $Z=\dfrac{\overline{X}-\mu}{\dfrac{\sigma}{\sqrt{n}}},\ Z\sim N(0,\ 1)$

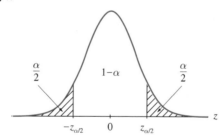

그래프에서 $P\left(-Z_{\alpha/2}\leq\dfrac{\overline{X}-\mu}{\sigma/\sqrt{n}}\leq Z_{\alpha/2}\right)=P\left(\overline{X}-Z_{\alpha/2}\dfrac{\sigma}{\sqrt{n}}\leq\mu\leq\overline{X}+Z_{\alpha/2}\dfrac{\sigma}{\sqrt{n}}\right)=1-\alpha$

즉, 모평균 μ에 대한 $100(1-\alpha)\%$신뢰구간은 $\left[\overline{X}-Z_{\alpha/2}\dfrac{\sigma}{\sqrt{n}},\ \overline{X}+Z_{\alpha/2}\dfrac{\sigma}{\sqrt{n}}\right]$이다.

각 신뢰수준에 따른 신뢰구간은 다음과 같다.

① 90% 신뢰구간 : $\left[\overline{X}-1.64\dfrac{\sigma}{\sqrt{n}},\ \overline{X}+1.64\dfrac{\sigma}{\sqrt{n}}\right]\ (\alpha=0.1)$

② 95% 신뢰구간 : $\left[\overline{X}-1.96\dfrac{\sigma}{\sqrt{n}},\ \overline{X}+1.96\dfrac{\sigma}{\sqrt{n}}\right]\ (\alpha=0.05)$

③ 99% 신뢰구간 : $\left[\overline{X}-2.58\dfrac{\sigma}{\sqrt{n}},\ \overline{X}+2.58\dfrac{\sigma}{\sqrt{n}}\right]\ (\alpha=0.01)$

참고 모평균 μ에 대한 구간추정은 확률표본 $X_1, X_2, \cdots, X_n$의 표본평균값과 모분산을 이용한다. 확률표본 n이 상대적으로 크며($n \geq 30$), X가 근사적으로 정규분포한다고 가정할 수 있는 경우에도 위의 신뢰구간 적용이 가능하다.

(2) 모분산 σ^2이 알려지지 않은 경우

모집단이 정규분포 $N(\mu, \sigma^2)$를 따르고 σ^2를 모르는 경우 t통계량을 사용한다.

$$\frac{\overline{X}-\mu}{\frac{S}{\sqrt{n}}} \sim t(n-1) \quad \left(\text{단, } S^2 = \frac{1}{n-1}\sum_{i=1}^{n}(X_i - \overline{X})^2\right)$$

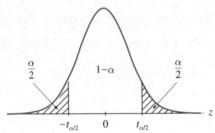

그래프에서 $P\left(-t_{\alpha/2} \le \dfrac{\overline{X}-\mu}{S/\sqrt{n}} \le t_{\alpha/2}\right) = P\left(\overline{X} - t_{\alpha/2}\dfrac{S}{\sqrt{n}} \le \mu \le \overline{X} + t_{\alpha/2}\dfrac{S}{\sqrt{n}}\right) = 1-\alpha$

즉, 모평균 μ에 대한 $100(1-\alpha)\%$ 신뢰구간은 $\left[\overline{X} - t_{\alpha/2}\dfrac{S}{\sqrt{n}},\ \overline{X} + t_{\alpha/2}\dfrac{S}{\sqrt{n}}\right]$이다.

참고 모집단은 정규분포를 하지만 모평균과 모분산 둘 다 모르는 경우는 표본통계량인 표본평균과 표본분산을 이용해야 한다. 확률표본 n이 큰 경우 $(n \ge 30)$에는 $t_{\alpha/2}$ 대신 $Z_{\alpha/2}$를 대입하여 구간을 추정할 수 있으면 모집단이 정규분포하지 않는 경우에도 적용할 수 있다.

3. 모비율의 구간추정

(1) 모비율의 뜻

어느 공장에서 생산한 제품의 불량률, 어느 지역의 신문 구독률 등과 같이 모집단에서 어떤 특성을 가진 것의 비율을 모비율이라 하고, 기호로 p와 같이 나타낸다.

(2) 표본비율

① 표본비율의 뜻

모집단에서 임의추출하여 얻은 크기가 n인 표본에서 어떤 특성을 가진 것이 추출된 횟수를 X라고 할 때, $\dfrac{X}{n}$를 표본비율이라 하고 이를 기호로 $\hat{p} = \dfrac{X}{n}$과 같이 나타낸다. 표본비율 $\hat{p}$를 모비율 p의 점추정량으로 사용한다.

② 표본비율 $\hat{p}$의 평균과 분산

확률변수 X는 이항분포 $B(n,\ p)$를 따르기 때문에 $E(X)=np,\ \ V(X)=np(1-p)$이다.

㉠ 평균 : $E(\hat{p})=E\left(\dfrac{X}{n}\right)=\dfrac{1}{n}\cdot np=p$

㉡ 분산 : $V(\hat{p})=V\left(\dfrac{X}{n}\right)=\dfrac{1}{n^2}V(X)=\dfrac{1}{n^2}\cdot np(1-p)=\dfrac{p(1-p)}{n}$

㉢ 표준편차 : $\sigma(\hat{p})=\sqrt{\dfrac{p(1-p)}{n}}$

③ 표본비율 $\hat{p}$의 분포

표본의 크기 n이 충분히 클 때, 표본비율 $\hat{p}$은 근사적으로 정규분포 $N\left(p,\ \dfrac{p(1-p)}{n}\right)$를 따르고

$Z=\dfrac{\hat{p}-p}{\sqrt{\dfrac{p(1-p)}{n}}}$는 근사적으로 표준정규분포 $N(0,\ 1)$을 따른다. 일반적으로 $np\geq 5$이고, $n(1-p)\geq$

5이면 표본의 크기 n이 큰 것으로 본다.

(3) 모비율의 신뢰구간

모비율에 대한 신뢰구간은 표본비율을 이용하여 추정할 수 있다.

$Z=\dfrac{\hat{p}-p}{\sqrt{\dfrac{p(1-p)}{n}}}\sim N(0,\ 1)$이므로

$P\left(-Z_{\alpha/2}\leq \dfrac{\hat{p}-p}{\sqrt{P(1-p)/n}}\leq Z_{\alpha/2}\right)=P\left(\hat{p}-Z_{\alpha/2}\sqrt{\dfrac{p(1-p)}{n}}\leq p\leq \hat{p}+Z_{\alpha/2}\sqrt{\dfrac{p(1-p)}{n}}\right)=1-\alpha$

이때, 큰수의 법칙에 의하여 n이 커지면 $\hat{p}$는 p에 가까워지므로 p값 대신에 $\hat{p}$를 사용하여 모비율 p에 대한 $100(1-\alpha)\%$신뢰구간을 나타내면 다음과 같다.

$\left[\hat{p}-Z_{\alpha/2}\sqrt{\dfrac{\hat{p}(1-\hat{p})}{n}},\ \hat{p}+Z_{\alpha/2}\sqrt{\dfrac{\hat{p}(1-\hat{p})}{n}}\right]$

각 신뢰수준에 따른 신뢰구간은 다음과 같다.

① 90% 신뢰구간 : $\left[\hat{p}-1.64\sqrt{\dfrac{\hat{p}(1-\hat{p})}{n}},\ \hat{p}+1.64\sqrt{\dfrac{\hat{p}(1-\hat{p})}{n}}\right]$ $(\alpha=0.1)$

② 95% 신뢰구간 : $\left[\hat{p}-1.96\sqrt{\dfrac{\hat{p}(1-\hat{p})}{n}},\ \hat{p}+1.96\sqrt{\dfrac{\hat{p}(1-\hat{p})}{n}}\right]$ $(\alpha=0.05)$

③ 99% 신뢰구간 : $\left[\hat{p}-2.58\sqrt{\dfrac{\hat{p}(1-\hat{p})}{n}},\ \hat{p}+2.58\sqrt{\dfrac{\hat{p}(1-\hat{p})}{n}}\right]$ $(\alpha=0.01)$

06 | 가설 검정

1. 가설 검정의 원리

(1) 가설

① 가설 검정

통계적 추론에는 모수의 추정 이외에도 어떤 추측이나 가설의 타당성을 조사하는 것이 있다. 모수에 대한 예상이나 주장 또는 추측 등을 통계적 가설이라고 한다. 모집단에서 추출한 표본에 기초하여 가설의 채택이나 기각을 결정하는 통계적 기법을 가설 검정(hypothesis testing)이라고 한다. 통계적 가설은 항상 오류의 가능성을 가지고 있기 때문에 검정법에서는 오류의 허용확률을 미리 정해놓고, 그 기준에 따라 가설의 채택이나 기각을 결정하게 된다.

② 가설의 종류

㉠ 귀무가설(H_0) : 대립가설과 반대되는 가설

㉡ 대립가설(H_1) : 표본을 이용하여 입증하고자 하는 가설

[예문] 어떤 질병을 치료하기 위해 기존에 개발된 약물을 사용하면 치료율이 40%라고 하고, 신약이 개발되어 이를 사용하면 치료율이 기존의 치료율보다 높을 것으로 예상된다고 하자. 20명의 환자에게 신약을 투여한 결과 14명이 치료되었다고 할 때, 귀무가설과 대립가설은 다음과 같다.

귀무가설(H_0) : 신약의 치료율이 기존 약물의 치료율보다 높지 않다.

대립가설(H_1) : 신약의 치료율이 기존 약물의 치료율보다 높다.

신약의 치료율을 p로 나타내면 $H_0 : p \leq 0.4$, $H_1 : p > 0.4$와 같이 나타낼 수 있다.

(2) 오류

가설에 대한 검정은 완벽할 수 없다. 옳은 주장일 때 이를 기각하거나 틀린 주장일 때 이를 받아들이는 오류를 범할 수 있다. 이러한 오류를 검정오류라 하고 다음과 같은 종류로 구분된다.

① 제1종의 오류(Type I Error) : H_0이 참인데도 불구하고 H_0을 기각하는 잘못된 결정을 내리는 것

② 제2종의 오류(Type II Error) : H_1이 참인데도 H_0을 기각하지 못하는 잘못된 결정을 내리는 것

검정의 결론	실제	
	H_0가 참	H_1이 참
H_0을 채택	옳은 결정 $(1-\alpha)$	제2종의 오류 (β)
H_1을 채택(H_0을 기각)	제1종의 오류 (α)	옳은 결정 $(1-\beta)$

(3) 요소

① 유의수준 : 가설 검정에 있어 발생할 수 있는 두 종류의 오류를 범할 확률을 가능한 한 작게 해주는 것이 바람직한 검정이다. 이때 두 가지 오류를 범할 확률을 동시에 최소로 하는 검정방법은 존재하지 않음이 알려져 있다. 그러므로 통계학에서는 제1종의 오류를 범할 확률 α를 미리 지정된 확률 이하로 하여 제2종의 오류를 범하는 확률 β를 최소화시키는 검정방법을 사용한다. 이때 제1종의 오류를 범할 확률의 최대 허용한계를 유의수준(significance level)이라고 한다.

② 유의확률 : 유의확률이란 제1종의 오류를 범할 확률의 추정값, 즉 귀무가설 H_0을 기각시킬 수 있는 최소의 α값이고 이를 p-value라고 한다. 다음 그래프에서 보이는 것과 같이 유의확률(P)과 유의수준(α)의 값에 따라서 귀무가설이 기각되거나 채택된다.

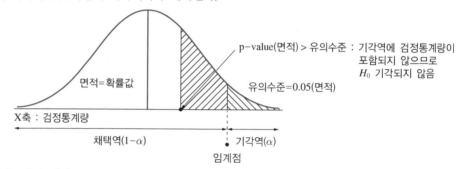

  ㉠ 귀무가설 기각 : $P < \alpha$
  ㉡ 귀무가설 채택 : $P > \alpha$

③ 임계값
  ㉠ 기각역(rejection region) : 귀무가설을 기각하게 되는 검정통계량의 관측값의 영역이다.
  ㉡ 채택역(acceptance region) : 귀무가설을 채택하게 되는 검정통계량의 관측값의 영역이다.
  ㉢ 임계값(critical value) : 기각역과 채택역을 나누는 경곗값이다.

(4) 절차

가설 검정의 방법은 다음과 같은 순서를 따른다.
① 1단계 : 검정하고자 하는 목적에 따라서 귀무가설 H_0과 대립가설 H_1을 설정한다.
② 2단계 : 검정통계량을 구하고 그 통계량의 분포를 구한다.
③ 3단계 : 유의수준을 결정하고 검정통계량의 분포에서 가설의 형태에 따라 유의수준에 해당하는 기각역을 설정한다.
④ 4단계 : 귀무가설이 옳다는 전제하에서 표본관찰에 의한 검정통계량의 값을 구한다.
⑤ 5단계 : 각 4단계에서 구한 검정통계량의 값이 기각역에 속하는가를 판단하여 기각역에 속하면 귀무가설 H_0을 기각하고 기각역에 속하지 않으면 귀무가설 H_0을 채택한다.

(5) 검정

① 양측검정(two-sided test) : 기각 영역이 각각 왼쪽과 오른쪽의 두 부분으로 구성되는 가설 검정이다. 이때 양쪽 기각역의 합이 유의수준이다. 차이의 유무 또는 효과의 유무에 관련된 가설을 검정할 때 사용한다($H_0 : \mu = \mu_0$, $H_1 : \mu \neq \mu_0$).

② 단측검정(one-sided test) : 기각 영역이 한쪽 부분으로만 구성되는 가설 검정이다. 한쪽 기각역이 유의수준이 된다. 좌측검정(left-sided test)은 기각영역이 왼쪽에 있는 검정방법이고 우측검정(right-sided test)은 기각영역이 오른쪽에 있는 검정방법이다. 모수의 크기에 관련된 가설을 검정할 때 사용한다($H_0 : \mu \leq \mu_0$, $H_1 : \mu > \mu_0$ 또는 $H_0 : \mu \geq \mu_0$, $H_1 : \mu < \mu_0$).

2. 모평균에 대한 가설 검정

(1) 정규모집단

모집단이 $N(\mu, \sigma^2)$를 따를 때 모평균 μ에 대한 가설 검정에서 검정통계량으로는 일반적으로 표본평균 $\overline{X}$를 사용한다. 각 경우에 가설 검정의 단계는 다음과 같다.

① 모분산 σ^2이 알려진 경우

ㄱ 귀무가설과 대립가설을 세운다. $H_0 : \mu = \mu_0$, $H_1 : \mu \neq \mu_0$(또는 $\mu > \mu_0$, $\mu < \mu_0$)

ㄴ 유의수준 α를 설정한다.

ㄷ 검정통계량 Z값을 구한다. $Z = \dfrac{\overline{X} - \mu_0}{\sigma / \sqrt{n}}$

ㄹ 기각역을 정한다.

　　$H_1 : \mu > \mu_0$일 때, $Z \geq z_\alpha$

　　$H_1 : \mu < \mu_0$일 때, $Z \leq -z_\alpha$

　　$H_1 : \mu \neq \mu_0$일 때, $|Z| \geq z_{\alpha/2}$

ㅁ 검정통계량 Z값이 기각역에 포함되는지를 비교하여 기각여부를 결정한다.

② 모분산 σ^2이 알려지지 않은 경우

ㄱ 귀무가설과 대립가설을 세운다. $H_0 : \mu = \mu_0$, $H_1 : \mu \neq \mu_0$(또는 $\mu > \mu_0$, $\mu < \mu_0$)

ㄴ 유의수준 α를 설정한다.

ㄷ 검정통계량 T값을 구한다. $T = \dfrac{\overline{X} - \mu_0}{S / \sqrt{n}} \sim t(n-1)$

ㄹ 기각역을 정한다.

　　$H_1 : \mu > \mu_0$일 때, $T \geq t_\alpha$

　　$H_1 : \mu < \mu_0$일 때, $T \leq -t_\alpha$

　　$H_1 : \mu \neq \mu_0$일 때, $|T| \geq t_{\alpha/2}$

ㅁ 검정통계량 T값이 기각역에 포함되는지를 비교하여 기각여부를 결정한다.

(2) 표본이 큰 임의의 모집단

정규분포 가정이 없는 임의의 모집단에서 표본이 클 때 각 경우에 대한 가설 검정의 단계는 다음과 같다.

① 모분산 σ^2이 알려진 경우

정규모집단에서와 마찬가지로 Z검정통계량을 이용하여 검정한다.

② 모분산 σ^2이 알려지지 않은 경우

중심극한정리에 의해서 다음과 같이 Z검정통계량을 이용하여 검정한다.

㉠ 귀무가설과 대립가설을 세운다. $H_0 : \mu = \mu_0$, $H_1 : \mu \neq \mu_0$(또는 $\mu > \mu_0$, $\mu < \mu_0$)

㉡ 유의수준 α를 설정한다.

㉢ 검정통계량 Z값을 구한다. $Z = \dfrac{\overline{X} - \mu_0}{S / \sqrt{n}}$

㉣ 기각역을 정한다.

$H_1 : \mu > \mu_0$일 때, $Z \geq z_\alpha$

$H_1 : \mu < \mu_0$일 때, $Z \leq -z_\alpha$

$H_1 : \mu \neq \mu_0$일 때, $|Z| \geq z_{\alpha/2}$

㉤ 검정통계량 Z값이 기각역에 포함되는지를 비교하여 기각여부를 결정한다.

[예문] 어느 공장에서 생산하는 공의 무게가 평균이 100g이고 분산이 25g이라 한다. 최근에 생산 공정의 일부를 새로운 설비로 교체하였는데 이로 인해 제품의 평균무게에 변화가 생겼는지 알아보기 위해 제품 100개를 뽑아 조사하였더니 평균이 100.64g이었다. 설비 교체로 인해 평균무게에 변화가 있는지 유의수준 5%로 검정하여라.

[풀이] 다음과 같이 가설을 세운다.

$H_0 : \mu = 100$

$H_1 : \mu \neq 100$

조건에서 $\mu_0 = 100$, $n = 100$, $\overline{x} = 100.64$, $\sigma = 5$이므로 $Z = \dfrac{100.64 - 100}{5 / \sqrt{100}} = 1.28$이다.

유의수준 $\alpha = 5\%$이므로 $Z_{\alpha/2} = 1.96$을 사용한다.

평균무게의 변화의 유무를 검정하는 것이므로 양측검정에 해당되어 $|Z| = 1.28 < 1.96$이다. 따라서 H_0은 채택된다. 즉 설비를 교체했어도 공의 평균무게는 변하지 않았다고 판단한다.

제**2**편 | 실전대비문제

01 $\displaystyle\sum_{k=0}^{100}(k^2+2k+3)\cdot {}_{100}C_k\left(\frac{2}{5}\right)^k\left(\frac{3}{5}\right)^{100-k}$ 의 값을 구하시오. (2017년)

① 1,705   ② 1,707

③ 1,709   ④ 1,711

[해설] 이항분포 X의 확률함수는 $f(x)={}_nC_x p^x q^{n-x}(x=0,\ 1,\ 2,\ \cdots n,\ q=1-p)$

$E(X)=np,\ V(X)=npq$이다.

$\displaystyle\sum_{k=0}^{100}(k^2+2k+3)\cdot {}_{100}C_k\left(\frac{2}{5}\right)^k\left(\frac{3}{5}\right)^{100-k}$

$\displaystyle=\sum_{k=0}^{100}k^2\cdot {}_{100}C_k\left(\frac{2}{5}\right)^k\left(\frac{3}{5}\right)^{100-k}+2\sum_{k=0}^{100}k\cdot {}_{100}C_k\left(\frac{2}{5}\right)^k\left(\frac{3}{5}\right)^{100-k}+3\sum_{k=0}^{100}{}_{100}C_k\left(\frac{2}{5}\right)^k\left(\frac{3}{5}\right)^{100-k}$

$\displaystyle=E(K^2)+2E(K)+3\left(\frac{2}{5}+\frac{3}{5}\right)^{100}$

$=[E(K^2)-E(K)^2]+E(K)^2+2E(K)+3$

$=V(K)+E(K)^2+2E(K)+3$

$\displaystyle=\left(100\times\frac{2}{5}\times\frac{3}{5}\right)+\left(100\times\frac{2}{5}\right)^2+2\left(100\times\frac{2}{5}\right)+3$

$=1,707$

답 ②

02 확률변수 X의 적률생성함수가 $M_X(t)=\dfrac{2}{3}\displaystyle\sum_{n=0}^{\infty}\left(\dfrac{e^t}{3}\right)^n$, $t<\ln3$일 때 $\displaystyle\sum_{n=0}^{\infty}2^n\cdot f(n)$을 구하시오. 여기서

$f(n)=\Pr(X=n)$는 X의 확률질량함수이다. (2017년)

① 1   ② 2

③ 3   ④ 4

[해설] $M_X(t)=\displaystyle\sum_{n=0}^{\infty}\frac{2}{3}e^{tn}\left(\frac{1}{3}\right)^n=E(e^{tN})$

$\therefore\ f(n)=P(X=n)=\dfrac{2}{3}\left(\dfrac{1}{3}\right)^n$

따라서 $\displaystyle\sum_{n=0}^{\infty}2^n f(n)=\sum_{n=0}^{\infty}2^n\cdot\frac{2}{3}\left(\frac{1}{3}\right)^n=\frac{2}{3}\cdot\sum_{n=0}^{\infty}\left(\frac{2}{3}\right)^n=\frac{2}{3}\cdot\frac{1}{1-\dfrac{2}{3}}=2$

답 ②

03 자연수 1, 2, 3, 4, 5 중에서 서로 다른 3개의 수를 사용하여 만들어지는 세 자리 자연수의 총합을 구하시오.

(2017년)

① 17,980   ② 18,980

③ 19,980   ④ 20,980

[해설] 5개의 자연수로 만들 수 있는 세 자리 자연수는 총 60개이다($\because 5\times4\times3=60$).
백의 자리, 십의 자리, 일의 자리 각 자리마다 각 자연수들은 12번씩 균등하게 배치된다.

- 일의 자리 총합 : $(1+2+3+4+5)\times12=180$
- 십의 자리 총합 : $(1+2+3+4+5)\times10\times12=1,800$
- 백의 자리 총합 : $(1+2+3+4+5)\times100\times12=18,000$

∴ 만들어지는 자연수들의 총합 : $180+1,800+18,000=19,980$

답 ③

04 전국의 고등학교 3학년 학생의 10%는 최근 한 달 동안 아침을 먹은 적이 없다고 한다. 고등학교 3학년 100명을 임의로 선발하여 조사하면, 최근 한 달 동안 아침을 먹은 적이 없는 학생이 k명 이하일 확률이 0.16이다. k의 값을 구하시오(단, Z는 표준정규분포를 따르는 확률변수이고 $P(0 \leq Z \leq 0.4)=0.16$, $P(0 \leq Z \leq 1)=0.34$이다).

(2017년)

① 7   ② 8

③ 9   ④ 10

[해설] $B(100,\ 0.1)$은 $N(10,\ 9)$로 바꿀 수 있다.

$\because E(X)=np=100\times0.1=10$

$V(X)=npq=100\times0.1\times0.9=9=3^2$

따라서 표준정규분포로 문제를 풀어보면

$P(X\leq k)=P\left(Z\leq \dfrac{k-10}{3}\right)=0.16$

$\therefore \dfrac{k-10}{3}=-1 \quad \therefore k=7$

답 ①

05 확률변수 X를 집합 $\{1, 2, \cdots, n\}$에서 임의로 선택된 자연수라 하자. $E(X) = Var(X)$가 되기 위한 n의 값을 구하시오.

(2017년)

① 6   ② 7

③ 8   ④ 9

[해설]

$$E(X) = \frac{1+2+3+\cdots+n}{n} = \frac{\frac{n(n+1)}{2}}{n} = \frac{n+1}{2}$$

$$E(X^2) = \frac{1^2+2^2+3^2+\cdots+n^2}{n} = \frac{\frac{n(n+1)(2n+1)}{6}}{n} = \frac{(n+1)(2n+1)}{6}$$

$$V(X) = E(X^2) - E(X)^2 = \frac{(n+1)(2n+1)}{6} - \left(\frac{n+1}{2}\right)^2 = \frac{n^2-1}{12}$$

$E(X) = Var(X)$를 만족하는 n을 구하기 위해 다음 방정식의 해를 구하면 된다.

$$\frac{n+1}{2} = \frac{n^2-1}{12}$$
$$12(n+1) = 2(n^2-1)$$
$$2n^2 - 12n - 14 = 0$$
$$(2n+2)(n-7) = 0$$
$$\therefore\ n = -1,\ 7$$
$\therefore\ n$은 자연수이므로 $n = 7$

답 ②

---

06 어느 보험회사의 남자직원과 여자직원 수의 비는 7 : 3이고, 전체직원의 20%가 보험계리사 자격증을 가지고 있다. 이 보험회사의 직원들 중에서 임의로 한 명을 선택할 때, 이 직원이 보험계리사 자격증을 가지고 있는 남자 직원일 확률은 $\frac{1}{10}$이다. 이 보험회사의 직원들 중에서 임의로 선택한 한 명이 보험계리사 자격증을 가지고 있지 않을 때, 이 직원이 여자직원일 확률을 구하시오.

(2017년)

① $\frac{1}{3}$ ② $\frac{1}{4}$

③ $\frac{1}{5}$ ④ $\frac{1}{6}$

[해설] 전체 인원을 100명이라 가정하면 남자직원은 70명, 여자직원은 30명이다. 임의로 선택한 직원이 자격증을 가지고 있는 남자직원일 확률이 $\frac{1}{10}$이므로 남자직원 중 자격증을 가지고 있는 사람의 수는 $100 \times \frac{1}{10} = 10$명이다. 전체 직원의 20%가 자격증을 가지고 있으므로 자격증을 가지고 있는 총 직원은 20명이다.

여자직원 중 자격증을 가지고 있는 직원은 $20 - 10 = 10$명이다.

자격증이 없는 남자직원은 60명, 여자직원은 20명이다.

따라서 임의로 선택한 한 명이 자격증을 가지고 있지 않을 때 이 직원이 여자일 확률을 조건부 확률을 이용해서 구하면

$$\frac{20}{60+20} = \frac{1}{4}\ \text{이다.}$$

답 ②

07 n개의 주머니가 있다. 이 주머니들 중 k번째의 주머니에는 흰색 바둑알이 k개, 검은색 바둑알이 $n-k$개 들어 있다. 임의로 하나의 주머니를 택하고, 그 주머니에서 바둑알을 하나씩 4번 복원추출할 때, 흰색 바둑알이 3번 나올 확률을 P_n이라고 하자. $\lim\limits_{n\to\infty} P_n$을 구하시오.

(2017년)

① $\dfrac{1}{5}$
② $\dfrac{2}{5}$
③ $\dfrac{1}{7}$
④ $\dfrac{2}{7}$

[해설] 각 주머니마다 흰색 바둑알이 3번 나올 확률

첫 번째 주머니 : $_4C_3 \cdot \left(\dfrac{1}{n}\right)^3 \cdot \dfrac{n-1}{n} = 4 \cdot \left(\dfrac{1}{n}\right)^3 \cdot \dfrac{n-1}{n}$

두 번째 주머니 : $_4C_3 \cdot \left(\dfrac{2}{n}\right)^3 \cdot \dfrac{n-2}{n} = 4 \cdot \left(\dfrac{2}{n}\right)^3 \cdot \dfrac{n-2}{n}$

세 번째 주머니 : $_4C_3 \cdot \left(\dfrac{3}{n}\right)^3 \cdot \dfrac{n-3}{n} = 4 \cdot \left(\dfrac{3}{n}\right)^3 \cdot \dfrac{n-3}{n}$

$n-1$번째 주머니 : $_4C_3 \cdot \left(\dfrac{n-1}{n}\right)^3 \cdot \dfrac{1}{n} = 4 \cdot \left(\dfrac{n-1}{n}\right)^3 \cdot \dfrac{1}{n}$

n번째 주머니 : 0 ($\because$ 전부 다 흰색 바둑알)

각 주머니가 선택될 확률 : $\dfrac{1}{n}$

$$\therefore P_n = \frac{4\left\{\left(\dfrac{1}{n}\right)^3 \cdot \dfrac{n-1}{n} + \left(\dfrac{2}{n}\right)^3 \cdot \dfrac{n-2}{n} + \left(\dfrac{3}{n}\right)^3 \cdot \dfrac{n-3}{n} + \cdots + \left(\dfrac{n-1}{n}\right)^3 \cdot \dfrac{1}{n} + 0\right\}}{n}$$

$$= \frac{4 \cdot \sum\limits_{k=1}^{n} \left(\dfrac{k}{n}\right)^3 \cdot \dfrac{n-k}{n}}{n} = \frac{n^4 \cdot 4 \cdot \sum\limits_{k=1}^{n} \left(\dfrac{k}{n}\right)^3 \cdot \dfrac{n-k}{n}}{n^4 \cdot n}$$

$$= \frac{4 \cdot \sum\limits_{k=1}^{n} k^3(n-k)}{n^5} = \frac{4n \cdot \sum\limits_{k=1}^{n} k^3 - 4 \cdot \sum\limits_{k=1}^{n} k^4}{n^5}$$

$$= \frac{4n \cdot \left\{\dfrac{n(n+1)}{2}\right\}^2 - 4 \cdot \dfrac{n(n+1)(2n+1)(3n^2+2n-1)}{30}}{n^5}$$

$$\therefore \lim_{n\to\infty} P_n = \lim_{n\to\infty} \frac{4n \cdot \left\{\dfrac{n(n+1)}{2}\right\}^2 - 4 \cdot \dfrac{n(n+1)(2n+1)(3n^2+3n-1)}{30}}{n^5} = 1 - \frac{24}{30} = \frac{1}{5}$$

답 ①

08 A커피전문점의 월매출액은 평균이 850만원, 표준편차가 24만원인 정규분포를 이루고 있고 B커피전문점의 월매출액은 평균이 824만원, 표준편차가 10만원인 정규분포를 이루고 있다. A, B 커피전문점의 월매출액이 서로 독립이라 가정할 때, 다음의 표준정규분포표를 이용하여 B커피전문점의 월매출액이 A커피전문점의 월매출액보다 클 확률을 구하시오.

(2017년)

z	$P(0 \leq Z \leq z)$
0.5	0.192
1.0	0.341
1.5	0.433
2.0	0.477

① 0.023　　　　　　　　　② 0.067

③ 0.159　　　　　　　　　④ 0.308

[해설]
• A커피전문점 : $X \sim N(850,\ 24^2)$
• B커피전문점 : $Y \sim N(824,\ 10^2)$

$G = Y - X$라 하고 $P(G>0)$을 구하면 B커피전문점의 월매출이 A커피전문점보다 클 확률을 구할 수 있다.

$E(G) = E(Y-X) = 824 - 850 = -26$

$V(G) = V(Y-X) = V(Y) + V(X) - 2Cov(X,\ Y)$

$\qquad = 10^2 + 24^2 = 676 = 26^2$ ($\because$ A, B 커피전문점은 서로 독립이라 공분산이 0이다)

$\therefore G \sim N(-26,\ 26^2)$

$\therefore P(G>0) = P\left(Z > \dfrac{0-(-26)}{26} = 1\right) = 0.5 - P(Z<1) = 0.5 - 0.341 = 0.159$

답 ③

---

09 앞면이 많이 나온다고 의심되는 동전이 있다. 이 동전을 900회 던져 k회 이상 앞면이 나오면 가설 "이 동전의 앞면이 나올 확률은 $\dfrac{1}{2}$이다"를 기각하려고 한다. 이 가설이 옳은데도 가설을 기각하게 될 확률이 0.05 이하일 k값 중 최솟값을 다음의 표준정규분포표를 이용하여 구하시오.

(2017년)

z	$P(0 \leq Z \leq z)$
1.65	0.450
1.96	0.475
2.27	0.488
2.58	0.495

① 475　　　　　　　　　② 480

③ 485　　　　　　　　　④ 490

[해설] $X \sim B\left(900,\ \dfrac{1}{2}\right)$

$E(X) = np = 900 \times \dfrac{1}{2} = 450$

$V(X) = npq = 900 \times \dfrac{1}{2} \times \dfrac{1}{2} = 225 = 15^2$

기각되기 위해서 k회 이상 나와야 하고, 기각되지 않기 위해서 k회 미만이 나와야 한다. 기각될 확률 0.05 이하가 된다는 것은 기각되지 않을 확률 0.95를 초과함을 말한다.

$\therefore P(X<k) = P\left(Z < \dfrac{k-450}{15}\right) > 0.95$

위 식이 성립하기 위해서는 정규분포에 의해서 $\dfrac{k-150}{15} = 1.65$라는 사실을 알 수 있다.

$\therefore k = (1.65 \times 15) + 450 = 474.75$

따라서 기각되지 않기 위해서 k는 474.75보다 큰 수이어야 한다.

$\therefore k$값 중 최솟값은 475이다.

답 ①

10 확률변수 X, Y의 결합확률질량함수가 다음과 같다.

$$f(x, y) = \begin{cases} \dfrac{1}{3}, & (x, y) = (0, 0), (1, 2), (2, 4) \\ 0, & 기타 \end{cases}$$

X와 Y의 공분산과 상관계수를 각각 $Cov(X, Y)$, $\rho(X, Y)$라 할 때, $Cov(X, Y) + \rho(X, Y)$의 값을 구하시오.

(2017년)

① 1

② $\dfrac{4}{3}$

③ $\dfrac{7}{3}$

④ $\dfrac{10}{3}$

해설 X, Y의 결합확률질량함수로서 X, Y의 확률질량함수를 구해보면

$$f(x) = \begin{cases} \dfrac{1}{3}, & x = 0, 1, 2 \\ 0, & 기타 \end{cases} \quad f(y) = \begin{cases} \dfrac{1}{3}, & y = 0, 2, 4 \\ 0, & 기타 \end{cases} \text{이 된다.}$$

$\therefore E(X) = 0 \times \dfrac{1}{3} + 1 \times \dfrac{1}{3} + 2 \times \dfrac{1}{3} = 1$

$E(X^2) = 0^2 \times \dfrac{1}{3} + 1^2 \times \dfrac{1}{3} + 2^2 \times \dfrac{1}{3} = \dfrac{5}{3}$

$V(X) = E(X^2) - E(X)^2 = \dfrac{5}{3} - 1^2 = \dfrac{2}{3}$

$E(Y) = 0 \times \dfrac{1}{3} + 2 \times \dfrac{1}{3} + 4 \times \dfrac{1}{3} = 2$

$E(Y^2) = 0^2 \times \dfrac{1}{3} + 2^2 \times \dfrac{1}{3} + 4^2 \times \dfrac{1}{3} = \dfrac{20}{3}$

$V(Y) = E(Y^2) - E(Y)^2 = \dfrac{20}{3} - 2^2 = \dfrac{8}{3}$

$E(XY) = \left(0 \times 0 \times \dfrac{1}{3}\right) + \left(1 \times 2 \times \dfrac{1}{3}\right) + \left(2 \times 4 \times \dfrac{1}{3}\right) = \dfrac{10}{3}$

$Cov(X, Y) = E(XY) - E(X)E(Y) = \dfrac{10}{3} - (1 \times 2) = \dfrac{4}{3}$

$\rho(X, Y) = \dfrac{Cov(X, Y)}{\sigma_X \cdot \sigma_Y} = \dfrac{\dfrac{4}{3}}{\sqrt{\dfrac{2}{3}} \cdot \sqrt{\dfrac{8}{3}}} = 1$

$\therefore Cov(X, Y) + \rho(X, Y) = \dfrac{4}{3} + 1 = \dfrac{7}{3}$

답 ③

11 확률변수 X의 적률생성함수가 $e^{3(e^t+t-1)}$ 라고 할 때, $E(X)+Var(X)$의 값을 구하시오. (2017년)

① 6   ② 9

③ 12   ④ 15

해설 $M_X(t)=E(e^{tX})=e^{3(e^t+t-1)}$

$M_X{}'(t)=E(Xe^{tX})=3(e^t+1)\cdot e^{3(e^t+t-1)}$

$M_X{}'(0)=E(X)=3(e^0+1)\cdot e^{3(e^0+0-1)}=3\times2\times1=6$

$M_X{}''(t)=E(X^2e^{tX})=9(e^t+1)^2\cdot e^{3(e^t+t-1)}+3e^t\cdot e^{3(e^t+t-1)}$

$M_X{}''(0)=E(X^2)=9(e^0+1)^2\cdot e^{3(e^0+0-1)}+3e^0\cdot e^{3(e^0+0-1)}=(9\times4)+3=39$

$V(X)=E(X^2)-E(X)^2=39-6^2=3$

$\therefore\ E(X)+V(X)=6+3=9$

답 ②

12 확률변수 X가 포아송분포를 따르고 $\Pr(X=1)=\Pr(X=2)$를 만족한다. $\Pr(X=3)=a$일 때, $\ln\left(\dfrac{3}{4}a\right)$

의 값을 구하시오.
(2018년)

① 1   ② 2

③ −1   ④ −2

해설   포아송분포 정의로부터 $P(X=1)=\dfrac{e^{-\lambda}\lambda^1}{1!}$, $P(X=2)=\dfrac{e^{-\lambda}\lambda^2}{2!}$임을 알 수 있다.

$P(X=1)=P(X=2)$이므로 $\dfrac{e^{-\lambda}\lambda^1}{1!}=\dfrac{e^{-\lambda}\lambda^2}{2!}$ $\therefore\ \lambda=2$

따라서 $P(X=3)=\dfrac{e^{-\lambda}\lambda^3}{3!}=\dfrac{e^{-2}2^3}{3!}=a$

$\therefore\ \ln\left(\dfrac{3}{4}a\right)=\ln\dfrac{3}{4}\left(\dfrac{e^{-2}2^3}{3!}\right)=\ln e^{-2}=-2$

답 ④

13 확률변수 X_1과 X_2의 결합확률밀도함수가 다음과 같을 때, X_2의 기댓값을 구하시오. (2018년)

$$f(x_1,\ x_2)=\begin{cases}6x_2,\ 0<x_2<x_1<1\\0\ ,\ \text{그 외}\end{cases}$$

① $\dfrac{1}{2}$

② $\dfrac{1}{3}$

③ $\dfrac{1}{4}$

④ $\dfrac{1}{5}$

[해설]

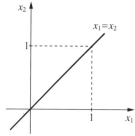

$f(x_1,\ x_2)=\begin{cases}6x_2,\ 0<x_2<x_1<1\\0\ ,\ \text{그 외}\end{cases}$ 에서 $x_1,\ x_2$의 범위를 위 그래프를 통해 알아보면

$0<x_2<x_1,\ 0<x_1<1$이 된다.

$$\therefore\ E(X_2)=\int_0^1\int_0^{x_1}x_2\cdot f(x_1,\ x_2)dx_2dx_1$$
$$=\int_0^1\int_0^{x_1}(x_2\times 6x_2)dx_2dx_1$$
$$=\int_0^1\int_0^{x_1}6x_2^2dx_2dx_1=\int_0^1\left[2x_2^3\right]_0^{x_1}dx_1=\int_0^1 2x_1^3dx_1$$
$$=\left[\frac{2}{4}x_1^4\right]_0^1=\frac{2}{4}-0=\frac{1}{2}$$

답 ①

14 어느 공장에서 생산되는 테니스공을 일정한 높이에서 바닥에 떨어뜨렸을 때, 테니스공이 튀어 오른 높이를 정규분포를 이용하여 추정하려고 한다. 이 공장의 테니스공 중 임의로 추출한 400개에 대해 튀어 오른 높이를 측정하였더니 평균이 240, 표준편차가 40이었다. 이 공장에서 생산되는 전체 테니스공의 튀어 오른 높이의 평균의 95% 신뢰구간에 속하는 정수의 개수를 구하시오(단, Z가 표준정규분포를 따를 때 $P(0\le Z\le 1.96)=0.475$). (2018년)

① 4

② 5

③ 6

④ 7

[해설] 96% 신뢰구간은 $\overline{X}-1.96\dfrac{\sigma}{\sqrt{n}}\le m\le\overline{X}+1.96\dfrac{\sigma}{\sqrt{n}}$ 이다.

따라서 문제의 신뢰구간을 구하면 $240-1.96\dfrac{40}{\sqrt{400}}\le m\le 240+1.96\dfrac{40}{\sqrt{400}}$

즉 $236.08\le m\le 243.92$이다. 따라서 정수 m의 개수는 237부터 243까지 총 7개이다.

답 ④

15 다음 조건을 이용하여 음이 아닌 실수 전체의 집합에서 정의된 함수 $G(t)$의 **최댓값**을 구하시오.

(2018년)

(가) $G(t) = P\left(X \leq \dfrac{1}{2}\right)$, $t \geq 0$ 단, X는 평균이 t이고, 표준편차가 1인 정규분포를 따름

(나) 표준정규분포표

z	$P(0 \leq Z \leq z)$
0.4	0.1554
0.5	0.1915
0.6	0.2257
0.7	0.2580

① 0.6554   ② 0.6915

③ 0.7257   ④ 0.7580

[해설] 조건 (가)에 의해 $X \sim N(t,\ 1^2)$, $(t \geq 0)$임을 알 수 있다.

$G(t) = P\left(X \leq \dfrac{1}{2}\right)$를 표준정규분포로 변환하면 정규분포 표준화에 의해 $P\left(X \leq \dfrac{1}{2}\right) = P\left(Z \leq \dfrac{1}{2} - t\right)$가 된다.

따라서 $G(t)$가 최댓값이 되기 위해서는 $t = 0$이 되어야 한다.

($\because$ t의 값은 음수가 아닌 양수. 따라서 t의 값이 커질수록 $\dfrac{1}{2} - t$의 값은 작아지면서 정규분포의 면적이 감소한다)

$\therefore$ $G(0) = P\left(X \leq \dfrac{1}{2}\right) = P(0 \leq X \leq 0.5) + P(X \leq 0) = 0.1915 + 0.5 = 0.6915$

답 ②

16 확률변수 X_1과 X_2가 서로 독립이고, 기댓값 1인 지수분포를 따른다. $E[\max\{X_1,\ X_2\}]$를 구하시오(단, $\max\{a,\ b\}$는 a와 b의 최댓값).

(2018년)

① 1   ② 1.5

③ 2   ④ 2.5

[해설] 모수가 λ인 지수분포의 확률변수 $X \sim \exp(\lambda)$로 표기하며 확률밀도함수는 $f(x) = \lambda e^{-\lambda x}$ $(x > 0)$이다.

$$\therefore\ E(X) = \int_0^\infty xf(x)dx = \int_0^\infty x(\lambda e^{-\lambda x})dx = \int_0^\infty (\lambda x)e^{-\lambda x}dx = \left[(\lambda x)\left(\frac{e^{-\lambda x}}{-\lambda}\right)\right]_0^\infty - \int_0^\infty \lambda\left(\frac{e^{-\lambda x}}{-\lambda}\right)dx$$

$$= \left[\frac{e^{-\lambda x}}{-\lambda}\right] = \frac{1}{\lambda}$$

따라서 기댓값이 1인 지수분포의 확률밀도함수는 $\lambda = 1$인 $f(x) = e^{-x}$임을 알 수 있다.

$\max\{x_1, x_2\}$의 누적분포함수를 $G(y)$라 하면

$$G(y) = P(x_1 < y)P(x_2 < y) = \int_0^y e^{-x}dx \int_0^y e^{-x}dx = \left(\left[-e^{-x}\right]_0^y\right)^2 = (1 - e^{-y})^2$$

$$\therefore\ g(y) = \frac{d}{dy}(1 - e^{-y})^2 = 2(1 - e^{-y})e^{-y} = -2e^{-2y} + 2e^{-y}$$

$$\therefore\ E(Y) = \int_0^\infty y(-2e^{-2y} + 2e^{-y})dy = \int_0^\infty -2y \cdot e^{-2y} + \int_0^\infty 2y \cdot e^{-y}dy$$

$$= \left[-2y \cdot \frac{e^{-2y}}{-2}\right]_0^\infty - \int_0^\infty -2 \cdot \frac{e^{-2y}}{-2}dy + \left[2y \cdot \frac{e^{-y}}{-1}\right]_0^\infty - \int_0^\infty 2 \cdot \frac{e^{-y}}{-1}dy$$

$$= -\left[\frac{e^{-2y}}{-2}\right]_0^\infty + 2\left[\frac{e^{-y}}{-1}\right]_0^\infty = -0.5 + 2 = 1.5$$

[답] ②

---

17 확률변수 X의 누적분포함수(c.d.f.)가 다음과 같을 때, $E[X]$을 구하시오.

(2018년)

$$F_x(x) = \begin{cases} 0 & ,\ x < 0 \\ 0.2x & ,\ 0 \le x < 2 \\ 1 & ,\ x \ge 2 \end{cases}$$

① 0.8   ② 1.2

③ 1.6   ④ 2.0

[해설] 주어진 누적분포함수 식을 x에 대하여 미분하면 다음과 같다.

$$\frac{d}{dx}F_X(x) = f_x(x) = \begin{cases} 0 & ,\ x < 0 \\ 0.2 & ,\ 0 \le x < 2 \\ 0.6 & ,\ x = 2 \\ 0 & ,\ x > 2 \end{cases}$$

$x = 2$일 때 0.6인 이유는 $\int_0^\infty f(x)dx = 1$이어야 하기 때문이다.

$\int_0^2 0.2\,dx = 0.4$. 따라서 $1 - 0.4 = 0.6$ $\therefore$ $x = 2$일 때 0.6이 된다.

$$\therefore\ E(X) = \int_0^2 (x \times 0.2)dx + 2 \times 0.6 = \left[0.1x^2\right]_0^2 + 1.2 = 0.4 + 1.2 = 1.6$$

[답] ③

18 확률변수 X의 확률밀도함수($p.d.f.$)가 다음과 같다. (2018년)

$$f_X(x) = \begin{cases} xe^{-x}, & x > 0 \\ 0 & , \ \text{그 외} \end{cases}$$

이때 다음 〈보기〉에서 성립하는 것을 모두 몇 개인지 고르시오.

┤보기├

(가) $E[X] = 2$

(나) $Var(X) = 2$

(다) $E[(X - E[X])^3] > 0$

① 0개   ② 1개

③ 2개   ④ 3개

[해설] $f_X(x) = \begin{cases} xe^{-x}, & x > 0 \\ 0 & , \ \text{그 외} \end{cases}$

(가) $E(X) = \displaystyle\int_0^\infty x \cdot xe^{-x}dx = \left[x^2 \cdot \dfrac{e^{-x}}{-1}\right]_0^\infty - \int_0^\infty 2x \cdot \dfrac{e^{-x}}{-1}dx = -\left\{[2x \cdot e^{-x}]_0^\infty - \int_0^\infty 2e^{-x}dx\right\}$

$\qquad = 2[-e^{-x}]_0^\infty = 2$

(나) $V(X) = E(X^2) - E(X)^2 = 6 - 2^2 = 2$

$\qquad \because E(X^2) = \displaystyle\int_0^\infty x^2 \cdot xe^{-x}dx = \left[x^3 \cdot \dfrac{e^{-x}}{-1}\right]_0^\infty - \int_0^\infty 3x^2 \cdot \dfrac{e^{-x}}{-1}dx$

$\qquad\qquad = -3\left\{[x^2 \cdot e^{-x}]_0^\infty - \displaystyle\int_0^\infty 2x \cdot e^{-x}dx\right\} = 6\int_0^\infty xe^{-x}dx$

$\qquad\qquad = 6\left\{\left[x \cdot \dfrac{e^{-x}}{-1}\right]_0^\infty - \displaystyle\int_0^\infty -e^{-x}dx\right\} = 6[-e^{-x}]_0^\infty = 6$

(다) $E[(X-2)^3] = E[X^3 - 6X^2 + 12X - 8] = E(X^3) - 6E(X^2) + 12E(X) - 8$

$\qquad \because E(X^3) = \displaystyle\int_0^\infty x^3 \cdot xe^{-x}ds = \left[x^4 \cdot \dfrac{e^{-x}}{-1}\right]_0^\infty - \int_0^\infty 4x^3 \cdot \dfrac{e^{-x}}{-1}dx = 4\left\{[x^3 \cdot e^{-x}]_0^\infty - \int_0^\infty 3x^2 \cdot e^{-x}\right\}$

$\qquad\qquad = 12\displaystyle\int_0^\infty x^2 \cdot e^{-x}dx = 12E(X) = 12 \times 2 = 24$

$\qquad \therefore E[(X-2)^3] = 24 - 6 \times 6 + 12 \times 2 - 8 = 4$

$\qquad \therefore$ (가), (나), (다) 모두 성립 가능

답 ④

19 확률변수 X는 구간 $(1,\ 3)$에서 균등분포를 따르고, $Y=\ln X$이다. 이때 Y의 확률밀도함수$(p.d.f.)$ $f_Y(y)$를 구하시오.

(2018년)

① $f_Y(y)=\begin{cases}\ln y,\ e<y<e^3 \\ 0\quad,\ \text{그 외}\end{cases}$

② $f_Y(y)=\begin{cases}\dfrac{1}{2e^3}\ln y,\ e<y<e^3 \\ 0\qquad\quad,\ \text{그 외}\end{cases}$

③ $f_Y(y)=\begin{cases}e^y,\ 0<y<\ln 3 \\ 0\ ,\ \text{그 외}\end{cases}$

④ $f_Y(y)=\begin{cases}\dfrac{1}{2}e^y,\ 0<y<\ln 3 \\ 0\qquad,\ \text{그 외}\end{cases}$

[해설] $F_Y(Y)=\Pr(Y<y)=\Pr(\ln X<y)=\Pr(X<e^y)=\dfrac{1}{2}(e^y-1)$

$\because$ 확률변수 X는 $(1,\ 3)$구간에서 균등분포를 따른다.

$\therefore f(y)=\dfrac{d}{dy}F_Y(Y)=\dfrac{1}{2}e^y$

y의 범위를 구해보면 $Y=\ln X$에서 확률변수 X의 구간이 $(1,\ 3)$이므로 $\ln 1<y<\ln 3$

즉, $0<y<\ln 3$이다.

답 ④

20 확률변수 X의 확률밀도함수$(p.d.f.)$가 다음과 같을 때, $Var(X)$을 구하시오.

(2018년)

$$f_X(x)=ce^{-|x|},\ -\infty<x<\infty,\ \text{단 } c\text{는 상수}$$

① 1

② 2

③ 3

④ 4

[해설] i) $V(X)=E(X^2)-E(X)=4c-0^2=4c$

$\because E(X^2)=\displaystyle\int_{-\infty}^{\infty}x^2\cdot ce^{-|x|}dx=\int_{-\infty}^{0}x^2\cdot ce^xdx+\int_{0}^{\infty}x^2\cdot ce^{-x}dx$

$=c\Big\{[x^2e^x]_{-\infty}^{0}-\displaystyle\int_{-\infty}^{0}2x^2\cdot e^xdx\Big\}+c\Big\{\Big[x^2\dfrac{e^{-x}}{-1}\Big]_{0}^{\infty}-\int_{0}^{\infty}2x\cdot\dfrac{e^{-x}}{-1}dx\Big\}$

$=-2c\Big([x\cdot e^x]_{-\infty}^{0}-\displaystyle\int_{-\infty}^{0}e^xdx\Big)-2c\Big([x\cdot e^{-x}]_{0}^{\infty}-\int_{0}^{\infty}e^{-x}dx\Big)$

$=2c[e^x]_{-\infty}^{0}+2c[-e^{-x}]_{0}^{\infty}=2c+2c=4c$

$E(X)=\displaystyle\int_{-\infty}^{\infty}x\cdot ce^{-|x|}dx=\int_{-\infty}^{0}x\cdot ce^xdx+\int_{0}^{\infty}x\cdot ce^{-x}dx$

$=c\Big([x\cdot e^x]_{-\infty}^{0}-\displaystyle\int_{-\infty}^{0}e^xdx\Big)+c\Big(\Big[x\cdot\dfrac{e^{-x}}{-1}\Big]_{0}^{\infty}-\int_{0}^{\infty}-e^{-x}dx\Big)$

$=-c\displaystyle\int_{-\infty}^{0}e^xdx+c\int_{0}^{\infty}e^{-x}dx=-c[e^x]_{-\infty}^{0}+c[-e^{-x}]_{0}^{\infty}=(-c)+c=0$

ii) $\int_{-\infty}^{\infty} f_x(x)dx = \int_{-\infty}^{\infty} ce^{-|x|} = 1$

$\int_{-\infty}^{\infty} ce^{-|x|}dx = \int_{-\infty}^{0} ce^x dx + \int_{0}^{\infty} ce^{-x} dx = c[e^x]_{-\infty}^{0} + c[-e^{-x}]_{0}^{\infty} = 2c = 1$

$\therefore c = \dfrac{1}{2}$

i)과 ii)에 의하여 $V(X) = 4 \times \dfrac{1}{2} = 2$

답 ②

21 확률변수 N은 평균이 2인 포아송분포를 따르고, $Y = \min\{100N,\ 150\}$이다. 이때 $E[Y]$을 구하시오 (단, $\min\{a,\ b\}$는 a와 b의 **최솟값**, $e^{-2} = 0.1353$). (2018년)

① 99.87　　　　　　　　　　　② 103.21

③ 116.18　　　　　　　　　　④ 125.35

[해설] 평균이 2인 포아송분포의 확률함수는 $f(x) = \dfrac{e^{-2} \cdot 2^x}{x!}$, $x = 1, 2, 3, \cdots$이다.

$Y = \min\{100N,\ 150\}$이므로 $N = 0$, 1일 때는 $100N$이고 $N \geq 2$일 때는 150이 된다.

$\therefore E(Y) = (100 \times 0)\dfrac{e^{-2} \cdot 2^0}{0!} + (100 \times 1)\dfrac{e^{-2} \cdot 2^1}{1!} + 150\dfrac{e^{-2} \cdot 2^2}{2!} + \cdots$

$= 100 \times 2e^{-2} + 150\left(\dfrac{e^{-2} \cdot 2^2}{2!} + \dfrac{e^{-2} \cdot 2^3}{3!} + \cdots\right)$

$= 200e^{-2} + 150\left(\dfrac{e^{-2} \cdot 2^0}{0!} + \dfrac{e^{-2} \cdot 2^1}{1!} + \dfrac{e^{-2} \cdot 2^2}{2!} + \cdots\right) - 150\left(\dfrac{e^{-2} \cdot 2^0}{0!} + \dfrac{e^{-2} \cdot 2^1}{1!}\right)$

$= 200e^{-2} + 150\left\{e^{-2}\left(\dfrac{2^0}{0!} + \dfrac{2^1}{1!} + \dfrac{2^2}{2!} + \cdots\right)\right\} - 150\left(\dfrac{e^{-2} \cdot 2^0}{0!} + \dfrac{e^{-2} \cdot 2^1}{1!}\right)$

$= 200e^{-2} + 150 \times e^{-2} \times e^2 - 150(e^{-2} + 2e^{-2}) = 116.175 \fallingdotseq 116.18$

$\therefore$ 매클로린 급수 표현을 이용함

$e^x = 1 + x + \dfrac{x^2}{2!} + \dfrac{x^3}{3!} + \cdots \quad \Rightarrow \quad e^2 = 1 + 2 + \dfrac{2^2}{2!} + \dfrac{2^3}{3!} + \cdots$

답 ③

제3편

보험수학

합격의 공식 SD에듀 www.sdedu.co.kr

보험계리사 1차

www.**sdedu**.co.kr

01 | 이자론

1. 종가함수

(1) 단위종가함수

① 종가함수

$A(t)$: t시점에서의 종가 혹은 원리합계 (단, t : 원금이 투자된 시간)

② 단위종가함수

$a(t)$: 1원을 원금으로 한 t시점에서의 원리합계

$a(t) = \dfrac{A(t)}{A(0)}$ 또는 $A(t) = A(0)a(t)$ (단, $A(0)$: 원금, t : 원금이 투자된 시간)

(2) 이자, 연간실이율

① 이자

I_n : 투자일로부터 n번째 해에 부리된 이자

$I_n = A(n) - A(n-1), \ n \geq 1$

② 연간실이율

i : 원금 1원이 1년 동안 투자되었을 때 부리된 이자

i_n : n차년도의 실이율($= \dfrac{\text{이자 지급액}}{\text{기초 자산}}$)

$i_n = \dfrac{I_n}{A(n-1)} = \dfrac{A(n) - A(n-1)}{A(n-1)} = \dfrac{A(0)a(n) - A(0)a(n-1)}{A(0)a(n-1)} = \dfrac{a(n) - a(n-1)}{a(n-1)}$

2. 단리와 복리

(1) 단리

$a(t) = (1 + ti)$ (단, $t \geq 0$)

① 단리 : 투자기간 중에 부리된 이자는 재투자되지 않는 것으로 계산

② 단리의 실이율 i_n : n이 증가함에 따라 감소

$\therefore \ i_n = \dfrac{a(n) - a(n-1)}{a(n-1)} = \dfrac{(1+ni) - \{1 + (n-1)i\}}{1 + (n-1)i} = \dfrac{i}{1 + (n-1)i}$

(2) 복리

$a(t) = (1+i)^t$ (단, $t \geq 0$)

① 복리 : 일정기간이 끝날 때마다 이자를 원금에 전입하여 이 합계를 다음 기간의 초의 원금으로 하여 이자를 계산

② 복리의 실이율 i_n : n에 관계없이 일정

$$\therefore \ i_n = \frac{a(n)-a(n-1)}{a(n-1)} = \frac{(1+i)^n - (1+i)^{n-1}}{(1+i)^{n-1}} = i$$

[참고] $0 < t < 1$에서는 단리하의 수익률이 높고 $t > 1$에서는 복리하의 수익률이 높다.

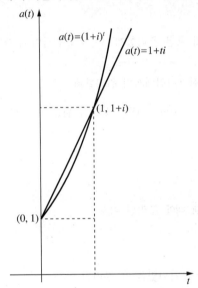

3. 현가와 할인

(1) 할인율

① 할인율

d : 1원과 현가율 v와의 차이

$$d = \frac{a(1)-a(0)}{a(1)} = \frac{i}{1+i}$$

[참고] 위 식을 변형하면 $i = \dfrac{d}{1-d}$ 도 성립한다.

② 실할인율

기간 끝점에 대한 이자의 백분율

$$d_n = \frac{A(n)-A(n-1)}{A(n)} = \frac{a(n)-a(n-1)}{a(n)} = \frac{I_n}{A(n)}$$

⊙ 복리하에서의 실할인율 : n에 관계없이 일정

$$d_n = \frac{a(n)-a(n-1)}{a(n)} = \frac{(1+i)^n - (1+i)^{n-1}}{(1+i)^n} = \frac{i}{1+i} = d$$

⊙ 단리하에서의 실할인율 : n이 증가함에 따라 감소

$$d_n = \frac{a(n)-a(n-1)}{a(n)} = \frac{(1+in) - \{1+i(n-1)\}}{1+in} = \frac{i}{1+in}$$

(2) 현가함수

① 단위현가함수

$a^{-1}(t)$: t년 후의 1원을 적립하기 위하여 투자하여야 하는 금액

현가율(v) : 복리로 1년 후 1원의 현가 $v = a^{-1}(1) = (1+i)^{-1} = \dfrac{1}{1+i}$

⊙ 복리하에서의 단위현가함수

$\quad a^{-1}(t) = (1+i)^{-t} = v^t = (1-d)^t$ (단, $v = (1+i)^{-1}$)

⊙ 단리하에서의 단위현가함수

$\quad a^{-1}(t) = \dfrac{1}{1+ti} = 1 - dt$

② d를 이용한 단위종가함수

⊙ 단리

단위종가 $a(t) = \dfrac{1}{a^{-1}(t)} = \dfrac{1}{1-dt} = (1-dt)^{-1}$

⊙ 복리

단위종가 $a(t) = (1+i)^t = \left(1 + \dfrac{d}{1-d}\right)^t = \left(\dfrac{1}{1-d}\right)^t = (1-d)^{-t}$

4. 명목이율과 명목할인율

(1) 명목이율

명목이율이란 연 m회 부리되는 연명목이자율이고 기호로 $i^{(m)}$과 같이 나타낸다.

① m : 전화횟수(단, 전화란 이자가 원금에 전입되어 원금화되는 것을 뜻한다)

② $\dfrac{12}{m}$(개월) : 전화기간

③ $\dfrac{i^{(m)}}{m}$: $\dfrac{1}{m}$년 동안의 실이자율

④ $1+i = \left(1 + \dfrac{i^{(m)}}{m}\right)^m$ $\quad \therefore \ i^{(m)} = m\{(1+i)^{1/m} - 1\}$

(2) 명목할인율

명목할인율이란 연 m회 할인되는 연명목할인율이고 기호로 $d^{(m)}$과 같이 나타낸다.

① $\dfrac{d^{(m)}}{m}$: $\dfrac{1}{m}$년 동안의 실할인율

② $1-d=\left(1-\dfrac{d^{(m)}}{m}\right)^m$ $\therefore$ $d^{(m)}=m\{1-(1-d)^{1/m}\}$

(3) 명목이자율/명목할인율 관계식

① $\left(1+\dfrac{i^{(m)}}{m}\right)^m=1+i=v^{-1}=(1-d)^{-1}=\left(1-\dfrac{d^{(m)}}{m}\right)^{-m}$

② $i-d=id$

③ $\dfrac{i^{(m)}}{m}-\dfrac{d^{(m)}}{m}=\dfrac{i^{(m)}d^{(m)}}{m^2}$

5. 이력과 할인력

(1) 이력

이력이란 t시점에서 측정되는 순간이율로 연간이율이고 기호로 δ_t와 같이 나타낸다.

$$\delta_t=\frac{DA(t)}{A(t)}=\frac{A'(t)}{A(t)}=\frac{Da(t)}{a(t)}=\frac{a'(t)}{a(t)}=\frac{d}{dt}\ln a(t)$$

(2) 복리와 단리하의 이력

① 복리 : 시간 t에 관계없이 일정

$$\delta_t=\frac{a'(t)}{a(t)}=\frac{(1+i)^t\ln(1+i)}{(1+i)^t}=\ln(1+i)=\delta$$

② 단리 : 시간 t가 증가함에 따라 감소

$$\delta_t=\frac{a'(t)}{a(t)}=\frac{i}{1+it}$$

6. 확정연금

(1) 전환기간 = 매회지급기간

① 기말급 연금

㉠ 기말급 연금 현가 : $a_{\overline{n|}} = v + v^2 + \cdots + v^n = \dfrac{1-v^n}{i}$

㉡ 기말급 연금 종가 : $s_{\overline{n|}} = 1 + (1+i) + \cdots + (1+i)^{n-1} = \dfrac{(1+i)^n - 1}{i}$

② 기시급 연금

㉠ 기시급 연금 현가 : $\ddot{a}_{\overline{n|}} = 1 + v + v^2 + \cdots + v^{n-1} = \dfrac{1-v^n}{d}$

㉡ 기시급 연금 종가 : $\ddot{s}_{\overline{n|}} = (1+i) + (1+i)^2 + \cdots + (1+i)^n = \dfrac{(1+i)^n - 1}{d}$

㉢ 관계식 : $\ddot{s}_{\overline{n|}} = \ddot{a}_{\overline{n|}}(1+i)^n$

③ 거치연금 현가

㉠ 기말급 거치연금 현가 : $_{m|}a_{\overline{n|}} = v^m a_{\overline{n|}} = a_{\overline{m+n|}} - a_{\overline{m|}}$

일정기간(m년) 동안은 연금의 지급이 없고 그 다음부터 n년간 연금지급

㉡ 기시급 거치연금 현가 : $_{m|}\ddot{a}_{\overline{n|}} = v^m \ddot{a}_{\overline{n|}} = \ddot{a}_{\overline{m+n|}} - \ddot{a}_{\overline{m|}}$

④ 영구연금 현가

㉠ 기말급 영구연금 현가 : $a_{\overline{\infty|}} = \lim\limits_{n \to \infty} a_{\overline{n|}} = \lim\limits_{n \to \infty} \dfrac{1-v^n}{i} = \dfrac{1}{i}$

㉡ 기시급 영구연금 현가 : $\ddot{a}_{\overline{\infty|}} = \lim\limits_{n \to \infty} \ddot{a}_{\overline{n|}} = \lim\limits_{n \to \infty} \dfrac{1-v^n}{d} = \dfrac{1}{d}$

(2) 전환기간 > 매회지급기간

① 연 m회 지급 확정연금 기말급

㉠ 현가 : $a_{\overline{n|}}^{(m)} = \dfrac{1}{m}\left(v^{\frac{1}{m}} + v^{\frac{2}{m}} + \cdots + v^{n-\frac{1}{m}} + v^n\right) = \dfrac{1-v^n}{i^{(m)}}$

㉡ 종가 : $s_{\overline{n|}}^{(m)} = a_{\overline{n|}}^{(m)}(1+i)^n = \dfrac{(1+i)^n - 1}{i^{(m)}}$

② 연 m회 지급 확정연금 기시급

㉠ 현가 : $\ddot{a}_{\overline{n|}}^{(m)} = \dfrac{1}{m}\left(1 + v^{\frac{1}{m}} + v^{\frac{2}{m}} + \cdots + v^{n-\frac{1}{m}}\right) = \dfrac{1-v^n}{d^{(m)}}$

㉡ 종가 : $\ddot{s}_{\overline{n|}}^{(m)} = \ddot{a}_{\overline{n|}}^{(m)}(1+i)^n = \dfrac{(1+i)^n - 1}{d^{(m)}}$

③ 연 m회 지급 영구연금

    ㉠ 기말급 : $a_{\overline{\infty}|}^{(m)} = \lim_{n \to \infty} a_{\overline{n}|}^{(m)} = \dfrac{1}{i^{(m)}}$

    ㉡ 기시급 : $\ddot{a}_{\overline{\infty}|}^{(m)} = \lim_{n \to \infty} \ddot{a}_{\overline{n}|}^{(m)} = \dfrac{1}{d^{(m)}}$

④ 확정연금의 관계식

    ㉠ $\ddot{a}_{\overline{n}|} = a_{\overline{n-1}|} + 1, \qquad \ddot{s}_{\overline{n}|} = s_{\overline{n+1}|} - 1$

    ㉡ $\dfrac{1}{a_{\overline{n}|}} = \dfrac{1}{s_{\overline{n}|}} + i, \qquad \dfrac{1}{\ddot{a}_{\overline{n}|}} = \dfrac{1}{\ddot{s}_{\overline{n}|}} + d$

    ㉢ $\ddot{a}_{\overline{n}|}^{(m)} = a_{\overline{n-1/m}|}^{(m)} + \dfrac{1}{m}, \qquad \ddot{s}_{\overline{n}|}^{(m)} = s_{\overline{n+1/m}|}^{(m)} - \dfrac{1}{m}$

    ㉣ $\dfrac{1}{a_{\overline{n}|}^{(m)}} = \dfrac{1}{s_{\overline{n}|}^{(m)}} + i^{(m)}, \qquad \dfrac{1}{\ddot{a}_{\overline{n}|}^{(m)}} = \dfrac{1}{\ddot{s}_{\overline{n}|}^{(m)}} + d^{(m)}$

    ㉤ $\ddot{a}_{\overline{n}|}^{(m)} = a_{\overline{n}|}^{(m)}(1+i)^{\frac{1}{m}}, \qquad \ddot{s}_{\overline{n}|}^{(m)} = s_{\overline{n}|}^{(m)}(1+i)^{\frac{1}{m}}$

7. 변동연금과 연속연금

(1) 변동연금

① 누가확정연금

    ㉠ $(Ia)_{\overline{n}|} = v + 2v^2 + 3v^3 + \cdots + nv^n = \dfrac{\ddot{a}_{\overline{n}|} - nv^n}{i}$

    ㉡ $(Is)_{\overline{n}|} = (Ia)_{\overline{n}|}(1+i)^n = \dfrac{\ddot{s}_{\overline{n}|} - n}{i}$

    ㉢ $(I\ddot{a})_{\overline{n}|} = 1 + 2v + 3v^2 + \cdots + nv^{n-1} = \dfrac{\ddot{a}_{\overline{n}|} - nv^n}{d}$

    ㉣ $(I\ddot{s})_{\overline{n}|} = (I\ddot{a})_{\overline{n}|}(1+i)^n = \dfrac{\ddot{s}_{\overline{n}|} - n}{d}$

② 누감확정연금

    ㉠ $(Da)_{\overline{n}|} = nv + (n-1)v^2 + \cdots + v^n = \dfrac{i - a_{\overline{n}|}}{i}$

    ㉡ $(Ds)_{\overline{n}|} = (Da)_{\overline{n}|}(1+i)^n = \dfrac{n(1+i)^n - s_{\overline{n}|}}{i}$

    ㉢ $(D\ddot{a})_{\overline{n}|} = n + (n-1)v + \cdots + v^{n-1} = \dfrac{n - a_{\overline{n}|}}{d}$

    ㉣ $(D\ddot{s})_{\overline{n}|} = (D\ddot{a})_{\overline{n}|}(1+i)^n = \dfrac{n(1+i)^n - s_{\overline{n}|}}{d}$

③ 관계식

    ㉠ $(Ia)_{\overline{n|}} + (Da)_{\overline{n|}} = (n+1)a_{\overline{n|}}$

    ㉡ $(I\ddot{a})_{\overline{n|}} + (D\ddot{a})_{\overline{n|}} = (n+1)\ddot{a}_{\overline{n|}}$

(2) 연속연금

① 연속확정연금

    ㉠ 연속확정연금 현가

$$\bar{a}_{\overline{n|}} = \lim_{m \to \infty} a_{\overline{n|}}^{(m)} = \int_0^n v^t dt = \left[\frac{v^t}{\ln v}\right]_0^n = \frac{1-v}{\delta}$$

    ㉡ 연속확정연금 종가

$$\bar{s}_{\overline{n|}} = \lim_{m \to \infty} s_{\overline{n|}}^{(m)} = \int_0^n (1+i)^t dt = \left[\frac{(1+i)^t}{\ln(1+i)}\right]_0^n = \frac{(1+i)^n-1}{\delta}$$

② 관계식

실이자율(i) > 명목이율$(i^{(m)})$ > 이력(δ) > 명목할인율$(d^{(m)})$ > 할인율(d)

위 대소관계를 이용하면 다음이 성립한다.

    ㉠ $a_{\overline{n|}} < a_{\overline{n|}}^{(m)} < \bar{a}_{\overline{n|}} < \ddot{a}_{\overline{n|}}^{(m)} < \ddot{a}_{\overline{n|}}$

    ㉡ $s_{\overline{n|}} < s_{\overline{n|}}^{(m)} < \bar{s}_{\overline{n|}} < \ddot{s}_{\overline{n|}}^{(m)} < \ddot{s}_{\overline{n|}}$

8. 자산수익률의 계산

연초자산을 A, 연말자산을 B, 연간투자수익을 I, n_t를 t시점에서의 유입자산, w_t를 t시점에서의 유출자산이라 할 때 다음과 같은 식이 성립한다.

(1) 일반식

$$I = A \cdot i + \sum n_t(1-t) \cdot i - \sum w_t(1-t) \cdot i$$

$$i = \frac{I}{A + \sum n_t(1-t) + \sum w_t(1-t)}$$

$$B = A + n - w + I$$

(연말자산 = 연초자산 + 유입액 − 유출액 + 연간투자수익)

(2) Hardy의 공식

투자수익률의 일반식에서 $t = \dfrac{1}{2}$일 경우이다.

$$i = \frac{I}{A + \frac{1}{2}n - \frac{1}{2}w} \quad \Rightarrow \quad i = \frac{2I}{A + B - I}$$

9. 할부상환과 감채기금, 채권

(1) 할부상환(원리금 균등상환)

① 할부상환표($L = a_{\overline{n|}}$)

L : 대출금

i : 전화기간당 이자율(대출이자율)

n : 전화기간을 기준으로 한 상환기간

OP_t : 대출 받은 후 t시점에서의 잔존원금

P_t : 대출 받은 후 t시점에서의 원금상환액

I_t : 대출 받은 후 t시점에서의 이자상환액

t	상환액	I_t	P_t	OP_t
0				$a_{\overline{n|}}$
1	1	$ia_{\overline{n|}} = 1 - v^n$	v^n	$a_{\overline{n|}} - v^n = a_{\overline{n-1|}}$
2	1	$ia_{\overline{n-1|}} = 1 - v^{n-1}$	v^{n-1}	$a_{\overline{n-1|}} - v^{n-1} = a_{\overline{n-2|}}$
⋮	⋮	⋮	⋮	⋮
t	1	$ia_{\overline{n-t+1|}} = 1 - v^{n-t+1}$	v^{n-t+1}	$a_{\overline{n-t+1|}} - v^{n-t+1} = a_{\overline{n-t|}}$
⋮	⋮	⋮	⋮	⋮
$n-1$	1	$ia_{\overline{2|}} = 1 - v^2$	v^2	$a_{\overline{2|}} - v^2 = a_{\overline{1|}}$
n	1	$ia_{\overline{1|}} = 1 - v$	v	$a_{\overline{1|}} - v = 0$
합계	n	$n - a_{\overline{n|}}$	$a_{\overline{n|}}$	

(2) 감채기금

① $L = Ds_{\overline{n|}i}$ (D : 적립금, i : 감채기금 적용이자율)

② $IP_t = i'L$ (i' : 대출금 적용이자율, L : 대출원금)

(3) 채권가격, 듀레이션

① 채권

$P = Fra_{\overline{n|}} + Cv^n$ (F : 액면가액, r : 액면이자율, C : 만기상환액)

② 듀레이션 : 채권에 투자된 원금의 평균 회수기간

㉠ 수정 듀레이션($Mod D$, $\overline{V}$)

$$NPV = \sum_{t=1}^{n} R_t \times V^t = \sum_{t=1}^{n} R_t (1+i)^{-t} = P(i) \quad (R_t : 순 수입액)$$

$$\overline{V} = -\frac{P'(i)}{P(i)}$$

$$\overline{V} = \frac{\sum (-t) \times R_t \times (1+i)^{-t-1}}{\sum R_t \times v^t} = \frac{\sum t \times R_t \times v^{t+1}}{\sum R_t \times v^t}$$

ⓛ 맥컬리 듀레이션($Mac\,D$, $\bar{d}$)

$$\bar{d} = \frac{\sum t \times R_t \times v^t}{\sum R_t \times v^t}$$

ⓒ 관계식

$$Mod\,D = Mac\,D \times v$$

③ 주식

$$P = \frac{D}{r-g} \quad (D : 배당금, \ r : 배당수익률, \ g : 성장률)$$

02 생존분포와 생명표

1. 생명표

(1) 생명확률

① 생명표

㉠ 국민생명표 : 국민 전체에 대한 생존, 사망을 관찰하여 작성된 국민 전체 통계

㉡ 경험생명표 : 생명보험가입자를 관찰하여 작성된 사망률에 관한 통계

② 생존자수, 사망자수, 생존확률, 사망확률

㉠ l_x : x세 생존자수, d_x : x세 사망자수, $l_w = 0$

㉡ $l_{x+1} = l_x - d_x$

㉢ 생존확률 : $p_x = \dfrac{l_{x+1}}{l_x}$, 사망확률 : $q_x = \dfrac{d_x}{l_x}$

㉣ $p_x + q_x = \dfrac{l_{x+1} + d_x}{l_x} = 1$

㉤ $p_x = 1 - q_x$, $q_x = 1 - p_x$

③ 생명확률

㉠ $_{m|n}q_x = {_mp_x} - {_{m+n}p_x} = {_mp_x} \cdot {_nq_{x+m}}$

㉡ $_{m+n}p_x = {_mp_x} \cdot {_np_{x+m}} = {_np_x} \cdot {_mp_{x+n}}$

㉢ $_np_x = p_x \cdot p_{x+1} \cdot p_{x+2} \cdots p_{x+n-1}$

(2) 평균여명 : x세에 도달한 사람이 그 후 생존하는 연수의 평균

① 완전평균여명($\mathring{e}_x$) : 생존하는 연수의 단수부분을 UDD 가정하에 고려할 경우

㉠ $E(T(x)) = \mathring{e}_x = \displaystyle\int_0^\infty t \cdot {_tp_x}\mu_{x+t}dt = \int_0^\infty {_tp_x}dt$

㉡ $E(T(x)^2) = \displaystyle\int_0^\infty t^2 \cdot {_tp_x}\mu_{x+t}dt = \int_0^\infty 2t \cdot {_tp_x}dt$

㉢ $V(T(x)) = E(T(x)^2) - E(T(x))^2 = \displaystyle\int_0^\infty 2t \cdot {_tp_x}dt - (\mathring{e}_x)^2$

㉣ $\mathring{e}_x = e_x + \dfrac{1}{2}$ (UDD 가정)

② 개산평균여명(e_x) : 생존하는 연수의 단수부분을 고려하지 않는 경우

    ㉠ $E(K(x)) = e_x = \displaystyle\sum_{k=0}^{\infty} k_{k|}q_x = \displaystyle\sum_{k=1}^{\infty} {}_kp_x$

    ㉡ $E\big(K(x)^2\big) = \displaystyle\sum_{k=0}^{\infty} k^2 {}_{k|}q_x = \displaystyle\sum_{k=1}^{\infty} (2k-1) {}_kp_x$

    ㉢ $V(K(x)) = E\big(K(x)^2\big) - \{E(K(x))\}^2 = \displaystyle\sum_{k=1}^{\infty} (2k-1) {}_kp_x - \big(e_x\big)^2$

2. 생존분포

(1) 확률변수(X, $T(x)$, $K(x)$)

① 확률변수 X : 연속확률변수로 0세의 생존기간을 의미한다.

    ㉠ 누적분포함수 $F(x) = P(X \le x) = {}_xq_p$ (단, $x \ge 0$) : 0세부터 x세 사이에 사망할 확률
        ($F(x)$는 증가함수, $F(0)=0$, $F(\infty)=1$)

    ㉡ 생존함수 $s(x) = 1 - F(x) = P(X > x) = 1 - {}_xq_0 = {}_xp_0$
        ($s(x)$는 감소함수, $s(0)=1$, $s(\infty)=0$)

    ㉢ 생존자수, 생존확률, 사망확률과 생존함수의 관계식

        • $l_x = l_0 \cdot s(x)$

        • ${}_tp_x = \dfrac{l_{x+t}}{l_x} = \dfrac{l_0 s(x+t)}{l_0 s(x)} = \dfrac{s(x+t)}{s(x)}$

        • ${}_tq_x = \dfrac{l_x - l_{x+t}}{l_x} = \dfrac{s(x) - s(x+t)}{s(x)}$

        • ${}_{t|u}q_x = \dfrac{l_{x+t} - l_{x+t+u}}{l_x} = \dfrac{s(x+t) - s(x+t+u)}{s(t)}$

② 확률변수 $T(x)$: x세인 자의 생존기간(연속형개념)

    ㉠ 누적분포함수 $F_{T(x)}(t) = P(T(x) \le t) = {}_tq_x$

    ㉡ 생존함수 $s_{T(x)}(t) = P(T(x) > t) = {}_tp_x$

    ㉢ 중앙값 $m(x)$: 다음 식에서 $m(x)$를 중앙값이라 한다.

        $P(T(x) > m(x)) = \dfrac{1}{2}$, $\dfrac{s(x+m(x))}{s(x)} = \dfrac{1}{2}$

③ 확률변수 $K(x)$: x세의 개산생존기간(이산형개념)
    $P(K = k) = P(T(x) = k) = P(k \le T(x) < k+1) = {}_{k|}q_x$

(2) 사력

① 확률밀도함수

㉠ μ_x와 X의 확률밀도함수

- $\mu_x = -\dfrac{s'(x)}{s(x)} = -\dfrac{d}{dx}\log s(x) = \dfrac{f(x)}{s(x)}\left(=\dfrac{f(x)}{P(X>x)}=\dfrac{F(x)'}{1-F(x)}\right)$

- $\mu_x = -\dfrac{s'(x)/l_0}{s(x)/l_0} = \dfrac{-l_x'}{l_x} = -\dfrac{d}{dx}\log l_x$

- $\dfrac{d}{dx}l_x = -l_x\mu_x$

㉡ μ_{x+t}와 $T(x)$의 확률밀도함수

- $f_{T(x)}(t) = \dfrac{d}{dt}F_{T(x)}(t) = \dfrac{d}{dt}[{}_tq_x] = \dfrac{d}{dt}[-{}_tp_x] = {}_tp_x\mu_{x+t}$

- $\dfrac{d}{dt}{}_tp_x = -{}_tp_x \cdot \mu_{x+t}$

- $\dfrac{d}{dt}l_{x+t} = -l_{x+t}\cdot\mu_{x+t}$

- $\mu_{x+t} = \dfrac{\dfrac{d}{dt}F_{T(x)}(t)}{1-F_{T(x)}(T)} = \dfrac{\dfrac{d}{dt}(1-{}_tp_x)}{1-{}_tq_x}$

② 생존율

㉠ 생존율

$${}_np_x = e^{-\int_0^n u_{x+t}dt}$$

$$\frac{d}{dt}({}_tp_x) = -{}_tp_x\cdot\mu_{x+t}, \quad \frac{d}{dt}({}_tp_x) = \frac{d}{dx}\left[e^{-\int_0^t \mu_{x+s}ds}\right] = {}_tp_x(\mu_x-\mu_{x+t})$$

㉡ x세의 생존인원 : $L(x)$

$L(x) \sim B(n-l_0,\ p=s_X(x))$

$E(L(x)) = l_0\cdot s_X(x) = l_x$

$V(L(x)) = l_0\cdot s_X(x)\cdot(1-s_X(x)) = l_x(1-s_X(x))$

㉢ x세 이후 n년간의 사망자수 : ${}_nD_x$

${}_nD_x \sim B(l_0,\ s_X(x)-s_X(x+n))$

$E({}_nD_x) = l_0\cdot[s_X(x)-s_X(x+n)] = l_x-l_{x+n} = {}_nd_x$

$V({}_nD_x) = {}_nd_x\cdot[1-s_X(x)-s_X(x+n)]$

(3) 평균여명

① 평균여명

㉠ 완전평균여명 : $\dot{e}_x$

- $\dot{e}_x = E(T(x)) = \displaystyle\int_0^{w-x} t\cdot{}_tp_x\mu_{x+t}dt = \int_0^{w-x}{}_tp_x dt$

- $E\left(T(x)^2\right)=\displaystyle\int_0^{w-x}t^2\cdot f_{T(x)}(t)dt=\int_0^{w-x}2t(_tp_x)dt$

- $V(T(x))=E\left(T(x)^2\right)-E(T(x))^2=\displaystyle\int_0^{w-x}2t(_tp_x)dt-\left(\dot{e}_x\right)^2$

ⓛ 개산평균여명 : e_x

- $e_x=E(K(x))=\displaystyle\sum_{K=0}^{w-x-1}k\cdot f_{K(x)}(k)=\sum_{K=0}^{w-x-1}k\cdot{}_{K|}q_x=\sum_{k=1}^{w-x-1}{}_kp_x$

- $E\left(K^2\right)=\displaystyle\sum_{k=0}^{w-x-1}k^2f_{K(x)}(k)=\sum_{k=1}^{w-x-1}k^2\cdot{}_{k|}q_x=\sum_{k=1}^{w-x-1}(2k-1)_kp_x$

- $V(K(x))=E\left(K^2\right)-E(K)^2=\displaystyle\sum_{k=1}^{w-x-1}(2k-1)_kp_x-\left(e_x\right)^2$

ⓒ 완전정기평균여명 : $\dot{e}_{x:\overline{n|}}$

- $T_n(x)=\begin{cases}T(x)\ ,\ T(x)<n\\n\qquad,\ T(x)\ge n\end{cases}$

- $E\left(T_n(x)\right)=\dot{e}_{x:\overline{n|}}=\displaystyle\int_0^n t\cdot{}_tp_x\mu_{x+t}dt+\int_n^\infty n\cdot{}_tp_x\mu_{x+t}dt=\int_0^n{}_tp_xdt$

- $\dot{e}_x=\dot{e}_{x:\overline{n|}}+{}_{n|}\dot{e}_x=\dot{e}_{x:\overline{n|}}+{}_np_x\dot{e}_{x+n}$

- $\dot{e}_x=\displaystyle\int_0^1{}_tp_xdt+p_x\dot{e}_{x+1}$

ⓔ 개산정기평균여명 : $e_{x:\overline{n|}}$

- $K_n(x)=\begin{cases}K(x)\ ,\ K(x)<n\\n\qquad,\ K(x)\ge n\end{cases}$

- $E\left(K_n(x)\right)=e_{x:\overline{n|}}=\displaystyle\sum_{K=0}^{n-1}k\cdot{}_{K|}q_x+\sum_{K=n}^\infty n\cdot{}_{K|}q_x=\sum_{K=1}^n{}_tp_x$

- $e_x=e_{x:\overline{n|}}+{}_{n|}e_x=e_{x:\overline{n|}}+{}_np_x\cdot e_{x+n},\quad e_x=p_x+p_x\cdot e_{x+1}$

ⓜ UDD 가정 시, 평균여명

$\dot{e}_x=e+\dfrac{1}{2}$

② $L_x,\ m_x,\ a(x)$

ⓞ L_x : l_x사람들의 1년간 총생존연수

- $L_x=\displaystyle\int_0^1 t\cdot l_{x+t}\mu_{x+t}dt+1\times l_{x+1}=\int_0^1 l_{x+t}dt$

- $\dfrac{d}{dt}L_x=\dfrac{d}{dt}\displaystyle\int_0^1 l_{x+t}dt=l_{x+1}-l_x=-d_x$

- $L_x=\displaystyle\int_0^1 l_{x+t}dt=l_x-\dfrac{1}{2}d_x\ (\because\ l_{x+t}=l_x-td_x)$

ⓛ 중앙사망률(x세 생존자의 1년간 총생존연수 L_x에 대한 1년간 사망자의 비율) : m_x

$$m_x = \frac{d_x}{L_x} = \frac{\int_0^1 l_{x+t}\mu_{x+t}dt}{\int_0^1 l_{x+t}dt} = \frac{\int_0^1 {}_tp_x\mu_{x+t}dt}{\int_0^1 {}_tp_x dt} , \quad q_x = \frac{d_x}{l_x} < \frac{d_x}{L_x} = m_x$$

ⓒ UDD 가정의 경우 m_x, q_x의 관계

$$m_x = \frac{d_x}{l_{x+\frac{1}{2}}} = \frac{d_x}{1-\frac{d_x}{2}} = \frac{q_x}{1-\frac{q_x}{2}} , \quad q_x = \frac{m_x}{1+\frac{m_x}{2}}$$

ⓔ x세 사망자의 평균생존연수 : $a(x)$

• $a(x) = \dfrac{\int_0^1 t \cdot l_{x+t}\mu_{x+t}dt}{d_x} = \dfrac{L_x - l_{x+1}}{d_x}$

• $a(x) = E(T|T<1) = \int_0^1 t \cdot f_T(t|T<1)dt = \int_0^1 t \cdot \dfrac{{}_tp_x\mu_{x+t}}{q_x}dt$

(4) 단수부분에 대한 가정

함수 ＼ 가정	UDD	CFM	BA
${}_tq_x$	tq_x	$1-e^{-\mu t}$	$\dfrac{tq_x}{1-(1-t)q_x}$
${}_tp_x$	$1-tq_x$	$e^{-\mu t}$	$\dfrac{p_x}{1-(1-t)q_x}$
${}_yq_{x+t}$	$\dfrac{yq_x}{1-tq_x}$	$1-e^{-\mu y}$	$\dfrac{yq_x}{1-(1-y-t)q_x}$
μ_{x+t}	$\dfrac{q_x}{1-tq_x}$	μ	$\dfrac{q_x}{1-(1-t)q_x}$
${}_tp_x\mu_{x+t}$	q_x	$\mu e^{-\mu t}$	$\dfrac{p_x q_x}{[1-(1-t)q_x]^2}$

(단, x : 정수, $0 \leq t \leq 1$, $0 \leq y \leq 1$, $y+t \leq 1$, $\mu = -\ln p_x$)

(5) 사망법칙

① De Moivre 사망법칙

ⓐ Z의 확률밀도함수

$$T \sim U(0,\ w-x),\quad f_T(t) = \frac{1}{w-x}$$

$$f_z(x) = f_T\left(\frac{\ln z}{\ln v}\right)\left|\frac{d}{dz}\left(\frac{\ln z}{\ln v}\right)\right| = \frac{f_T\left(\frac{\ln z}{-\delta}\right)}{\delta z} = \frac{1}{w-x} \cdot \left(\frac{1}{\delta s z}\right),\quad Z \in (v^{w-x},\ 1)$$

© $E(Z)$

$$E(Z)= \int_{v^{w-x}}^{1} Z\left(\frac{1}{w-x}\right)\left(\frac{1}{\delta Z}\right)dZ=\left(\frac{1}{w-x}\right)\cdot\left(\frac{1-v^{w-x}}{\delta}\right)$$

© $P\left(Z>\overline{A}_x\right)$

$$P(Z> E(Z))= P\left(Z>\overline{A}_x\right)= \int_{\overline{A}_x}^{1} f_Z(Z)dZ= \int_{\overline{A}_x}^{1}\left(\frac{1}{w-x}\right)\left(\frac{1}{\delta Z}\right)dZ= \frac{-\ln\overline{A}_x}{(w-x)\cdot\delta}$$

② CFM 사망법칙

㉠ Z의 확률밀도함수

$$f_Z(z)= \frac{f_T\left(\frac{\ln z}{-\delta}\right)}{\delta z}=ue^{-\left(\frac{\ln z}{-\delta}\right)}\cdot\frac{1}{\delta z}=\left(\frac{\mu}{\delta}\right)^{\left(z^{\frac{\mu}{\delta}-1}\right)},\ \ Z\in(0,\ 1)$$

㉡ $E(Z)$

$$E(Z)= \int_{0}^{1} Z\left(\frac{\mu}{\delta}\right)Z^{\frac{\mu}{\delta}-1}dZ= \frac{\mu}{\delta}\int_{0}^{1} Z^{\frac{\mu}{\delta}}dZ= \frac{\mu}{\mu+\delta}$$

㉢ $P\left(Z>\overline{A}_x\right)$

$$P(Z> E(Z))= P\left(Z>\overline{A}_x\right)= \int_{\overline{A}_x}^{1} f_Z(Z)dZ= \int_{\overline{A}_x}^{1}\left(\frac{\mu}{\delta}\right)Z^{\frac{\mu}{\delta}-1}dZ= 1-\left(\overline{A}_x\right)^{\frac{\mu}{\delta}}$$

03 | 생명보험

1. 결정론적 모형

(1) 계산기수

생존계열	사망계열	
	연말급	즉시급(UDD)
$D_x = v^x l_x$	$C_x = v^{x+1} d_x$	$\overline{C}_x = \dfrac{i}{\delta} C_x$
$N_x = \displaystyle\sum_{t=0}^{\infty} D_{x+t}$	$M_x = \displaystyle\sum_{t=0}^{\infty} C_{x+t}$	$\overline{M}_x = \dfrac{i}{\delta} M_x$
$S_x = \displaystyle\sum_{t=0}^{\infty} N_{x+t}$	$R_x = \displaystyle\sum_{t=0}^{\infty} M_{x+t}$	$\overline{R}_x = \dfrac{i}{\delta} R_x$

(2) 일시납 순보험료

보험종류	NSP	생명표	계산기수
종신보험	A_x	$\displaystyle\sum_{k=0}^{w-x-1} v^{k+1}{}_{k|}q_x$	$\dfrac{M_x}{D_x}$
n년 정기보험	$A^1_{x:\overline{n|}}$	$\displaystyle\sum_{k=0}^{n-1} v^{k+1}{}_{k|}q_x$	$\dfrac{M_x - M_{x+n}}{D_x}$
n년 생존보험	$A_{x:\overline{n|}}^{1}$	$v^n \cdot {}_n p_x$	$\dfrac{D_{x+n}}{D_x}$
n년 양로보험	$A_{x:\overline{n|}}$	$\displaystyle\sum_{k=0}^{n-1} v^{k+1}{}_{k|}q_x + v^n \cdot {}_n p_x$	$\dfrac{M_x - M_{x+n} + D_{x+n}}{D_x}$
n년 거치 종신보험	${}_{n|}A_x$	$\displaystyle\sum_{k=n}^{w-x-1} v^{k+1}{}_{k|}q_x$	$\dfrac{M_{x+n}}{D_x}$
누가정기보험	$(IA)^1_{x:\overline{n|}}$	$\displaystyle\sum_{k=0}^{n-1} (k+1)v^{k+1}{}_{k|}q_x$	$\dfrac{R_x - R_{x+n} - nM_{x+n}}{D_x}$
누감정기보험	$(DA)^1_{x:\overline{n|}}$	$\displaystyle\sum_{k=0}^{n-1} (n-k)v^{k+1}{}_{k|}q_x$	$\dfrac{nM_x - (R_{x+1} - R_{x+n+1})}{D_x}$
적립보험비용	${}_n k_x$	$\displaystyle\sum_{k=0}^{n-1} v^{k+1}{}_{k|}q_x / (v^n \cdot {}_n p_x)$	$\dfrac{M_x - M_{x+n}}{D_{x+n}}$

2. 확률론적 모형

(1) 사망보험금 즉시급 확률변수

보험종류		Z	$E(Z)$	$E(Z^2)$	$V(Z)$
종신보험		$v^T,\ T\geq 0$	$\overline{A}_x$	$^2\overline{A}_x$	$^2\overline{A}_x - \left(\overline{A}_x\right)^2$
n년 정기보험		$\begin{cases} v^T, & T\leq n \\ 0, & T> n \end{cases}$	$\overline{A}^1_{x:\overline{n}|}$	$^2\overline{A}^1_{x:\overline{n}|}$	$^2\overline{A}^1_{x:\overline{n}|} - \left(\overline{A}^1_{x:\overline{n}|}\right)^2$
n년 생존보험		$\begin{cases} 0, & T< n \\ v^n, & T\geq n \end{cases}$	$A_{x:\overline{n}|}^{\ \ 1}$	$^2A_{x:\overline{n}|}^{\ \ 1}$	$^2A_{x:\overline{n}|}^{\ \ 1} - \left(A_{x:\overline{n}|}^{\ \ 1}\right)^2$
n년 양로보험		$\begin{cases} v^T, & T\leq n \\ v^n, & T> n \end{cases}$	$\overline{A}_{x:\overline{n}|}$	$^2\overline{A}_{x:\overline{n}|}$	$^2\overline{A}_{x:\overline{n}|} - \left(\overline{A}_{x:\overline{n}|}\right)^2$
n년 거치 종신보험		$\begin{cases} 0, & T\leq n \\ v^T, & T> n \end{cases}$	$_{n|}\overline{A}_x$	$^2_{\ n|}\overline{A}_x$	$^2_{\ n|}\overline{A}_x - \left(_{n|}\overline{A}_x\right)^2$
누가종신 보험	이산형	$[T+1]v^T$	$(IA)_x$		
	연속형	Tv^T	$(\overline{IA})_x$		
누감정기 보험	이산형	$\begin{cases} (n-[T])v^T, & T\leq n \\ 0, & T> n \end{cases}$	$(D\overline{A})^1_{x:\overline{n}|}$		
	연속형	$\begin{cases} (n-T)v^T, & T\leq n \\ 0, & T> n \end{cases}$	$(\overline{DA})^1_{x:\overline{n}|}$		

(2) 사망보험금 연말급 현가함수

보험종류		Z	$E(Z)$	$E(Z^2)$	$V(Z)$
종신보험		$v^{k+1},\ K\geq 0$	A_x	^2A_x	$^2A_x - \left(A_x\right)^2$
n년 정기보험		$\begin{cases} v^{K+1}, & K< n \\ 0, & K\geq n \end{cases}$	$A^1_{x:\overline{n}|}$	$^2A^1_{x:\overline{n}|}$	$^2A^1_{x:\overline{n}|} - \left(A^1_{x:\overline{n}|}\right)^2$
n년 생존보험		$\begin{cases} 0, & K< n \\ v^n, & K\geq n \end{cases}$	$A_{x:\overline{n}|}^{\ \ 1}$	$^2A_{x:\overline{n}|}^{\ \ 1}$	$^2A_{x:\overline{n}|}^{\ \ 1} - \left(A_{x:\overline{n}|}^{\ \ 1}\right)^2$
n년 양로보험		$\begin{cases} v^{K+1}, & K< n \\ v^n, & K\geq n \end{cases}$	$A_{x:\overline{n}|}$	$^2A_{x:\overline{n}|}$	$^2A_{x:\overline{n}|} - \left(A_{x:\overline{n}|}\right)^2$
n년 거치 종신보험		$\begin{cases} 0, & K< n \\ v^{K+1}, & K\geq n \end{cases}$	$_{n|}A_x$	$^2_{\ n|}A_x$	$^2_{\ n|}A_x - \left(_{n|}A_x\right)^2$
누가종신 보험		$\begin{cases} (K+1)v^{K+1}, & K< n \\ 0, & K\geq n \end{cases}$	$(IA)^1_{x:\overline{n}|}$		
누감정기 보험		$\begin{cases} (n-K)v^{K+1}, & K< n \\ 0, & K\geq n \end{cases}$	$(DA)^1_{x:\overline{n}|}$		

3. 기타 관계식

(1) 사망법칙에 따른 NSP 산출식

① CFM 가정하의 생명보험(보험금 1원)의 APV

    ㉠ 사망즉시급

$$\bullet \ \overline{A}_x = \frac{\mu}{\mu+\delta}, \ {}^2\overline{A}_x = \frac{\mu}{\mu+2\delta}$$

$$\bullet \ \overline{A}_{x:\overline{n}|}^{\ \ 1} = e^{-(\mu+\delta)n}, \ {}^2\overline{A}_{x:\overline{n}|}^{\ \ 1} = e^{-(\mu+2\delta)n}$$

$$\bullet \ \overline{A}^1_{x:\overline{n}|} = \frac{\mu\left(1-e^{(\mu+\delta)n}\right)}{\mu+\delta}, \ {}^2\overline{A}^1_{x:\overline{n}|} = \frac{\mu\left(1-e^{(\mu+2\delta)n}\right)}{\mu+2\delta}$$

$$\bullet \ {}_{n|}\overline{A}_x = \overline{A}_{x+n}A_{x:\overline{n}|}^{\ \ 1} = \overline{A}_xA_{x:\overline{n}|}^{\ \ 1} = \left(\frac{\mu}{\mu+\delta}\right)e^{-(\mu+\delta)n} = \frac{\mu\left(e^{-(\mu+\delta)n}\right)}{\mu+\delta}, \ {}_{n|}{}^2\overline{A}_x = \frac{\mu\left(e^{-(\mu+2\delta)n}\right)}{\mu+2\delta}$$

    ㉡ 연말급

$$\bullet \ A_x = \frac{q}{q+i}, \ A_{x:\overline{n}|}^{\ \ 1} = (vp)^n, \ {}_{n|}A_x = (vp)^n\frac{q}{q+i}$$

$$\bullet \ A^1_{x:\overline{n}|} = \frac{q}{q+i}[1-(vp)^n], \ A_{x:\overline{n}|} = \frac{q+(vp)^2i}{q+i}$$

② De Moivre 가정하의 생명보험(보험금 1원)의 APV(ω : 한계연령)

    ㉠ 사망즉시급

$$\bullet \ \overline{A}_x = \frac{\overline{a}_{\overline{\omega-x}|}}{\omega-x}, \ \overline{A}_{x:\overline{n}|}^{\ \ 1} = \frac{e^{-\delta n}(\omega-x-n)}{\omega-x}, \ {}_{n|}\overline{A}_x = \frac{e^{-\delta n}\left(\overline{a}_{\overline{\omega-x-n}|}\right)}{\omega-x}$$

$$\bullet \ \overline{A}^1_{x:\overline{n}|} = \frac{\overline{a}_{\overline{n}|}}{\omega-x}, \ \overline{A}_{x:\overline{n}|} = \frac{\overline{a}_{\overline{n}|}+e^{-\delta n}(\omega-x-n)}{\omega-x}$$

    ㉡ 연말급

$$\bullet \ A_x = \frac{a_{\overline{\omega-x}|}}{\omega-x}, \ A_{x:\overline{n}|}^{\ \ 1} = \frac{v^n(\omega-x-n)}{\omega-x}, \ {}_{n|}A_X = \frac{e^{-\delta n}\left(a_{\overline{\omega-x-n}|}\right)}{\omega-x}$$

$$\bullet \ A^1_{x:\overline{n}|} = \frac{a_{\overline{n}|}}{\omega-x}, \ A_{x:\overline{n}|} = \frac{a_{\overline{n}|}+v^n(\omega-x-n)}{\omega-x}$$

(2) UDD 가정하의 관계식

① $A_x^{(m)} = \dfrac{i}{i^{(m)}}A_x$

② $\overline{A} = \dfrac{i}{\delta}A_x$

04 | 생명연금

1. 관계식

(1) 연금관계식

① $a_{x:\overline{n}|} = \ddot{a}_{x:\overline{n}|} - 1 + v^n {}_np_x$

② $\ddot{a}_{x:\overline{n}|} = a_{x:\overline{n-1}|} + 1$

③ $\ddot{a}_{x:\overline{n}|} = 1 + vp_x \cdot \ddot{a}_{x+1:\overline{n-1}|}$

④ $a_{x:\overline{n}|} = vp_x \cdot \ddot{a}_{x+1:\overline{n}|}$

⑤ $a_x = {}_1E_x \cdot \ddot{a}_{x+1} = vp_x \cdot \ddot{a}_{x+1} = vp_x + vp_x \cdot a_{x+1}$

(2) 기시급 유기생명연금과 생명연금종가(forborne annuity)의 관계식

$\ddot{a}_{x:\overline{n}|} = {}_nE_x \cdot \ddot{s}_{x:\overline{n}|}$

(3) 생명보험과 생명연금의 일시납보험료의 관계

① $C_x = vD_x - D_{x+1}$

② $M_x = vN_x - N_{x+1} = D_x - dN_x$

③ $R_x = vS_x - S_{x+1}$

④ $A_x = 1 - d\ddot{a}_x$

⑤ $A_x = 1 - i(a_x + A_x)$

⑥ $A_x = v\ddot{a}_x - a_x$

⑦ $A_{x:\overline{n}|} = 1 - d\ddot{a}_{x:\overline{n}|}$

⑧ $A_{x:\overline{n}|} = 1 - i\left(a_{x:\overline{n}|} - A^1_{x:\overline{n}|}\right)$

⑨ $A_{x:\overline{n}|} = v\ddot{a}_{x:\overline{n}|} - a_{x:\overline{n-1}|}$

⑩ $A^1_{x:\overline{n}|} = v\ddot{a}_{x:\overline{n}|} - a_{x:\overline{n}|}$

2. 사망법칙에 따른 NSP 계산

(1) CFM(사력이 일정한 경우) 가정하의 APV(즉시급은 이력이 상수라 가정)

① $\bar{a}_x = \dfrac{1}{\mu+\delta}$

② $\bar{a}_{x:\overline{n}|} = \dfrac{1-e^{-(\mu+\delta)n}}{\mu+\delta}$

③ $_{n|}\bar{a}_x = \dfrac{e^{-(\mu+\delta)n}}{\mu+\delta}$

④ $\ddot{a}_x = \dfrac{1+i}{q+i}$, $\ddot{a}_{x:\overline{n}|} = \dfrac{(1+i)[1-(vp)^n]}{(q+i)}$, $_{n|}\ddot{a}_x = (vp)^n\dfrac{1+i}{q+i}$

(2) De Moivre 가정하의 APV(ω : 한계연령)

① $\bar{a}_x = \dfrac{(\overline{D\bar{a}})_{\overline{\omega-x}|}}{\omega-x}$, $\ddot{a}_x = \dfrac{(D\ddot{a})_{\overline{\omega-x}|}}{\omega-x}$

② $\bar{a}_{x:\overline{n}|} = \dfrac{(\overline{D\bar{a}})_{\overline{n}|}+(\omega-x-n)\bar{a}_{\overline{n}|}}{\omega-x}$, $\ddot{a}_{x:\overline{n}|} = \dfrac{(D\ddot{a})_{\overline{n}|}+(\omega-x-n)\ddot{a}_{\overline{n}|}}{\omega-x}$

③ $_{n|}\bar{a}_x = \bar{a}_x - \bar{a}_{x:\overline{n}|}$, $_{n|}\ddot{a}_x = \dfrac{v^n(D\ddot{a})_{\overline{\omega-x-n}|}}{\omega-x}$

3. 완전연금(단수기간 지급연금) 및 단수기간 반환연금 : 연 1원씩 지급하는 종신연금인 경우

(1) 완전연금(기말급 연금에서 발생)

① $\dot{a}_x = \dfrac{\delta}{i}\bar{a}_x$

② $\overline{A}_x = 1-\delta\dot{a}_x$

(2) 단수기간 반환연금(기시급 연금에서 발생)

① $\ddot{a}_x^{\{1\}} = \dfrac{\delta}{d}\bar{a}_x$

② $\overline{A}_x = 1-\delta\ddot{a}_x^{\{1\}}$

05 | 순보험료

1. 연납순보험료와 일시납순보험료의 관계식

(1) 종신보험

$$A_x = 1 - d\ddot{a}_x \qquad\qquad \therefore\ P_x = \frac{A_x}{\ddot{a}_x} = \frac{A_x}{(1-A_x)/d} = \frac{dA_x}{1-A_x}$$

(2) 양로보험(생사혼합보험)

$$A_{x:\overline{n|}} = 1 - d\ddot{a}_{x:\overline{n|}} \qquad\qquad \therefore\ P_{x:\overline{n|}} = \frac{A_{x:\overline{n|}}}{\ddot{a}_{x:\overline{n|}}} = \frac{A_{x:\overline{n|}}}{(1-A_{x:\overline{n|}})/d} = \frac{dA_{x:\overline{n|}}}{1-A_{x:\overline{n|}}}$$

2. 연 m회 분할순보험료

(1) 종신보험(종신납입)

① $P_x^{(m)} \cdot \ddot{a}_x^{(m)} = A_x$ $\qquad\qquad \therefore\ P_x^{(m)} = \dfrac{A_x}{\ddot{a}_x^{(m)}}$

② $P_x^{(m)} = P_x + \dfrac{m-1}{2m} P_x^{(m)}(P_x + d)$ $\quad \therefore\ P_x^{(m)} = \dfrac{P_x}{1 - \dfrac{m-1}{2m}(P_x + d)}$

참고 $P_x^{(m)} > P_x$인 이유

- 사망연도의 보험료 결손
- 분할납으로 인한 이자결손

(2) 정기보험

$$P_{x:\overline{n|}}^{1(m)} = \frac{A_{x:\overline{n|}}^1}{\ddot{a}_{x:\overline{n|}}^{(m)}} = P_{x:\overline{n|}}^1 + \frac{m-1}{2m} P_{x:\overline{n|}}^{1(m)}\left(P_{x:\overline{n|}}^1 + d\right)$$

(3) 양로보험(생사혼합보험) – h년 단기납입

$$_hP_{x:\overline{n|}}^{(m)} = \frac{A_{x:\overline{n|}}}{\ddot{a}_{x:\overline{n|}}^{(m)}} = {}_hP_{x:\overline{n|}} + \frac{m-1}{2m}\,{}_hP_{x:\overline{n|}}^{(m)}\left(P_{x:\overline{h|}}^1 + d\right)$$

(4) 그 외 주요 관계식

① $_h P_x^{(m)} = {}_h P_x + \dfrac{m-1}{2m} {}_h P_x^{(m)} \left(P_{x:\overline{h}|}^1 + d \right)$

② $P_{x:\overline{n}|}^{(m)} = P_{x:\overline{n}|} + \dfrac{m-1}{2m} P_{x:\overline{n}|}^{(m)} \left(P_{x:\overline{n}|}^1 + d \right)$

3. 보험료 반환부 보험

(1) 이자 없이 반환하는 경우

① 보통종신보험

$$P\ddot{a}_x = A_x + P(IA)_x \qquad \therefore \ P = \frac{A_x}{\ddot{a}_x - (IA)_x} = \frac{M_x}{N_x - R_x}$$

② 생존보험

$$P\ddot{a}_{x:\overline{n}|} = P(IA)_{x:\overline{n}|}^1 + A_{x:\overline{n}|}^{\ 1}$$

$$\therefore \ P = \frac{A_{x:\overline{n}|}^{\ 1}}{\ddot{a}_{x:\overline{n}|} - (IA)_{x:\overline{n}|}^1} = \frac{D_{x+n}}{\left(N_x - N_{x+n} \right) - \left(R_x - R_{x+n} - nM_{x+n} \right)}$$

(2) 이자를 감안한 경우

n년 납 종신연금, n년 내 사망 시 기납입보험료 부리지급

$$P\ddot{a}_{x:\overline{n}|} = P\left(\ddot{a}_{x:\overline{n}|} - \ddot{a}_{\overline{n}|} \cdot {}_n p_x \right) + {}_{n|}\ddot{a}_x$$

$$\therefore \ P = \frac{{}_{n|}\ddot{a}_x}{\ddot{a}_{\overline{n}|} \cdot {}_n p_x} = \frac{{}_n E_x \cdot \ddot{a}_{x+n}}{\ddot{s}_{\overline{n}|} \cdot {}_n E_x} = \frac{\ddot{a}_{x+n}}{\ddot{s}_{\overline{n}|}}$$

4. 손실확률변수에 의한 순보험료의 기대치와 분산

(1) 연납평준순보험료(보험금 연말급, 종신보험)

$$L = v^{k+1} - P_x \ddot{a}_{\overline{k+1}|} = \left(1 + \frac{P_x}{d} \right) v^{k+1} - \frac{P_x}{d}, \ 0 \le k$$

수지상등원칙에 의해 $E(L) = 0 \qquad \therefore \ P_x = \dfrac{A_x}{\ddot{a}_x} = \dfrac{M_x}{N_x}$

$$V(L) = \left(1 + \frac{P_x}{d} \right)^2 \left[{}^2 A_x - (A_x)^2 \right] = \frac{{}^2 A_x - (A_x)^2}{\left(d\ddot{a}_x \right)^2} = \frac{{}^2 A_x - (A_x)^2}{\left(1 - A_x \right)^2}$$

(2) 연속납순보험료(보험금 사망즉시급, 종신보험)

$$L = v^t - \overline{P}\overline{a}_{\overline{t|}} = \left(1 + \frac{\overline{P}}{\delta}\right)v^t - \frac{\overline{P}}{\delta}, \ 0 \le t$$

수지상등원칙에 의해 $E(L) = 0$ $\therefore \ \overline{P}(\overline{A}_x) = \frac{\overline{A}_x}{\overline{a}_x} = \frac{\overline{M}_x}{\overline{N}_x}$

$$V(L) = \left(1 + \frac{\overline{P}}{\delta}\right)^2 [^2\overline{A}_x - (\overline{A}_x)]^2 = \frac{^2\overline{A}_x - (\overline{A}_x)^2}{(\delta\overline{a}_x)^2} = \frac{^2\overline{A}_x - (\overline{A}_x)^2}{(1 - \overline{A}_x)^2}$$

06 | 책임준비금 I

1. 책임준비금 관련 공식

(1) 종신보험

① 장래법

$$_tV_x = A_{x+t} - P_x\ddot{a}_{x+t} = 1 - \frac{\ddot{a}_{x+t}}{\ddot{a}_x} = \frac{A_{x+t} - A_x}{1 - A_x} = A_{x+t}\left(1 - \frac{P_x}{P_{x+t}}\right) = (P_{x+t} - P_x)\ddot{a}_{x+t} = \frac{P_{x+t} - P_x}{P_{x+t} + d}$$

② 과거법

$$_tV_x = P_x\ddot{s}_{x:\overline{t|}} - {}_tk_x = P_x\frac{\ddot{a}_{x:\overline{t|}}}{{}_tE_x} - \frac{A^1_{x:\overline{t|}}}{{}_tE_x} = \frac{P_x - P^1_{x:\overline{t|}}}{P_{x:\overline{t|}}^{\frac{1}{}}}$$

(2) 양로보험

① 장래법

$$_tV_{x:\overline{n|}} = A_{x+t:\overline{n-t|}} - P_{x:\overline{n|}}\ddot{a}_{x+t:\overline{n-t|}} = 1 - \frac{\ddot{a}_{x+t:\overline{n-t|}}}{\ddot{a}_{x:\overline{n|}}} = \frac{A_{x+t:\overline{n-t|}} - A_{x:\overline{n|}}}{1 - A_{x:\overline{n|}}}$$

$$= A_{x+t:\overline{n-t|}}\left(1 - \frac{P_{x:\overline{n|}}}{P_{x+t:\overline{n-t|}}}\right) = (P_{x+t:\overline{n-t|}} - P_{x:\overline{n|}})\ddot{a}_{x+t:\overline{n-t|}} = \frac{P_{x+t:\overline{n-t|}} - P_{x:\overline{n|}}}{P_{x+t:\overline{n-t|}} + d}$$

② 과거법

$$_tV_{x:\overline{n|}} = P_{x:\overline{n|}}\ddot{s}_{x:\overline{t|}} - {}_tk_x = P_{x:\overline{n|}}\frac{\ddot{a}_{x:\overline{t|}}}{{}_tE_x} - \frac{A^1_{x:\overline{t|}}}{{}_tE_x} = \frac{P_{x:\overline{n|}} - P^1_{x:\overline{t|}}}{P_{x:\overline{t|}}^{\frac{1}{}}}$$

(3) 응용공식

① 과거법 책임준비금 차이 활용

㉠ $_tV_1 = P_1\ddot{s}_{x:\overline{t|}} - {}_tk_x$

㉡ $_tV_2 = P_2\ddot{s}_{x:\overline{t|}} - {}_tk_x$

㉠-㉡ $= {}_tV_1 - {}_tV_2 = (P_1 - P_2)\ddot{s}_{x:\overline{t|}}$ ∴ $P_1 = P_2 + \frac{{}_tV_1 - {}_tV_2}{\ddot{s}_{x:\overline{t|}}} = P_2 + P_{x:\overline{t|}}^{\frac{1}{}}({}_tV_1 - {}_tV_2)$

② 책임준비금 응용공식

㉠ $P_x = P^1_{x:\overline{n|}} + P_{x:\overline{n|}}^{\frac{1}{}} \cdot {}_nV_x$

㉡ $_nP_x = P^1_{x:\overline{n|}} + P_{x:\overline{n|}}^{\frac{1}{}} \cdot A_{x+n}$

㉢ $P_{x:\overline{n|}} = {}_nP_x + P_{x:\overline{n|}}^{\frac{1}{}}(1 - A_{x+n})$

2. 책임준비금

(1) 보험금 사망즉시급, 연속납보험료

① 공식

$$_tL = v^U - \overline{P}(\overline{A}_x)\overline{a}_{\overline{U|}} = \left(1 + \frac{\overline{P}(\overline{A}_x)}{\delta}\right)v^U - \frac{\overline{P}(\overline{A}_x)}{\delta} \quad (\text{단, } U = (x+t)\text{의 장래생존기간})$$

② 기대치와 분산

㉠ $E(_tL) = E\left(v^U - \overline{P}(\overline{A}_x)\overline{a}_{\overline{U|}}\right) = \overline{A}_{x+t} - \overline{P}(\overline{A}_x)\overline{a}_{x+t} = \dfrac{\overline{A}_{x+t} - \overline{A}_x}{1 - \overline{A}_x} = {}_t\overline{V}(\overline{A}_x)$

㉡ $V(_tL) = V\left(v^U - \overline{P}(\overline{A}_x)\overline{a}_{\overline{U|}}\right) = V\left[\left(1 + \dfrac{\overline{P}(\overline{A}_x)}{\delta}\right)v^U - \dfrac{\overline{P}(\overline{A}_x)}{\delta}\right]$

$$= \left(1 + \frac{\overline{P}(\overline{A}_x)}{\delta}\right)^2 V(v^U) = \left(1 + \frac{\overline{P}(\overline{A}_x)}{\delta}\right)^2 \left[{}^2\overline{A}_{x+t} - \left(\overline{A}_{x+t}\right)^2\right]$$

$$= \left(\frac{1}{\delta\overline{a}_x}\right)^2 \left[{}^2\overline{A}_{x+t} - \left(\overline{A}_{x+t}\right)^2\right]$$

(2) 보험금 연말급, 연납보험료

① 공식

$$_kL = v^{J+1} - P_x\ddot{a}_{\overline{J+1|}} = \left(1 + \frac{P_x}{d}\right)v^{J+1} - \frac{P_x}{d} \quad (\text{단, } J = (x+t)\text{의 장래개산생존기간})$$

② 기대치와 분산

$$E(_kL) = E\left(v^{J+1} - P_x\ddot{a}_{\overline{J+1|}}\right) = A_{x+t} - P_x\ddot{a}_{x+t} = \frac{A_{x+t} - A_x}{1 - A_x} = {}_kV_x$$

$$V(_kL) = V\left(v^{J+1} - P_x\ddot{a}_{\overline{J+1|}}\right) = V\left[\left(1 + \frac{P_x}{d}\right)v^{J+1} - \frac{P_x}{d}\right]$$

$$= \left(1 + \frac{P_x}{d}\right)^2 V(v^{J+1}) = \left(1 + \frac{P_x}{d}\right)^2 \left[{}^2A_{x+t} - (A_{x+t})^2\right] = \left(\frac{1}{d\ddot{a}_x}\right)^2 \left[{}^2A_{x+t} - (A_{x+t})^2\right]$$

(3) 순보험료의 분해와 재귀식

$$_tV + P = vq_{x+t} + vp_{x+t} \cdot {}_{t+1}V$$

$$(_tV + P)(1+i) = q_{x+t} + p_{x+t} \cdot {}_{t+1}V = {}_{t+1}V + q_{x+t}(1 - {}_{t+1}V)$$

$$P = vq_{x+t}(1 - {}_{t+1}V) + (v \cdot {}_{t+1}V - {}_tV) = P^r + P^s = (\text{위험보험료}) + (\text{저축보험료})$$

일반식 : $\pi_t = vq_{x+t}(b_{t+1} - {}_{t+1}V) + (v \cdot {}_{t+1}V - {}_tV)$

(4) 책임준비금의 재귀식의 응용

$$_kV = \sum_{t=0}^{k-1} \pi_t(1+i)^{k-t} + \sum_{t=1}^{k} q_{x+t-1}(b_t - {_t}V)(1+i)^{k-t} = (\text{과거납입 종가}) + (\text{과거지출 종가})$$

(5) 단수경과 경우의 책임준비금

사업연도 말 책임준비금=보험연도 말 책임준비금의 직선보간 + 미경과보험금

$$_{k+s}V = {_k}V(1-s) + {_{k+1}}V \cdot s + p(1-s) = \text{직선보간(보험료적립금)} + \text{미경과보험료}$$

(6) 책임준비금과 미분방정식

$$_t\overline{V}(\overline{A}_x) = \overline{A}_{x+t} - \overline{P}_x\overline{a}_{x+t} = \int_0^\infty v^s{_s}p_{x+t}\mu_{x+t+s}ds - \overline{P}_x\int_0^\infty v^s{_s}p_{x+t}ds$$

$$\frac{d}{dt}\overline{a}_{x+t} = \frac{d}{dt}\int_0^\infty v^s{_s}p_{x+t}ds = \int_0^\infty v^s\frac{d}{dt}({_s}p_{x+t})ds$$

$$= \int_0^\infty v^s\{{_s}p_{x+t}(\mu_{x+t} - \mu_{x+t+s})\}ds$$

$$= \mu_{x+t}\int_0^\infty v^s{_s}p_{x+t}ds - \int_0^\infty v^s{_s}p_{x+t}\mu_{x+t+s}ds$$

$$= \mu_{x+t}\overline{a}_{x+t} - \overline{A}_{x+t} = \mu_{x+t}\overline{a}_{x+t} - (1 - \delta\overline{a}_{x+t})$$

$$= \overline{a}_{x+t}(\mu_{x+t} + \delta) - 1$$

$$\frac{d}{dt}\overline{A}_{x+t} = \frac{d}{dt}\int_0^\infty v^s{_s}p_{x+t}\mu_{x+t+s}dt = \frac{d}{dt}(1 - \delta\overline{s}_{x+t})$$

$$= -\delta\{\overline{a}_{x+t}(\mu_{x+t} + \delta) - 1\}$$

$$\therefore \quad \frac{d}{dt}{_t}\overline{V}(\overline{A}_x) = \frac{d}{dt}(\overline{A}_{x+t} - \overline{P}_x\overline{a}_{x+t}) = \overline{P}_x + (\mu_{x+t} + \delta){_t}\overline{V}(\overline{A}_x) - \mu_{x+t}$$

(7) 초년도 정기식 책임준비금

① $_1V \geq 0 \Rightarrow {_1}V = P_1\ddot{s}_{x+\overline{1}|} - {_1}k_x \geq 0$ $\qquad \therefore P_1 \geq \frac{{_1}k_x}{\ddot{s}_{x:\overline{1}|}} = \frac{vq_x/vp_x}{1/vp_x} = vq_x = A^1_{x:\overline{1}|}$

② $P^N\ddot{a}_x = P_1 + P_2(\ddot{a}_x - 1)$ $\qquad \therefore P_2 = \frac{P^N\ddot{a}_x - P_1}{\ddot{a}_x - 1} = \frac{A_x - vq_x}{\ddot{a}_x - 1} = \frac{_{1|}A_x}{_{1|}\ddot{a}_x} = P_{x+1}$

위에서 구한 내용을 이용하여 초년도 정기식 책임준비금을 구해보면

$$_tV_x^{FPT} = A_{x+t} - P_2^{FPT}\ddot{a}_{x+t} = A_{x+t} - P_{x+1}\ddot{a}_{x+t}$$

$$= A_{(x+1)+(t-1)} - P_{x+1}\ddot{a}_{(x+1)+(t-1)} = {_{t-1}}V_{x+1}^N$$

(8) Fackler의 공식

$$_t V + P = v q_{x+t} + v p_{x+t} \cdot {_{t+1}} V$$

$$_{t+1} V = \frac{_t V + P - v q_{x+t}}{v p_{x+t}} = \left({_t} V + P \right) \ddot{s}_{x+t : \overline{1|}} - {_1} k_{x+t}$$

(9) 미사용 보험료 반환부 보험

① h년 납입 n년 만기 양로보험

수입현가 : $P^{\{m\}} \ddot{a}_{x : \overline{h|}}^{\{m\}}$

지출현가 : $\overline{A}_{x : \overline{n|}}$

$$\therefore \quad P^{\{m\}} = \frac{\overline{A}_{x : \overline{n|}}}{\ddot{a}_{x : \overline{n|}}^{\{m\}}} = \frac{\overline{A}_{x : \overline{n|}}}{\dfrac{\delta}{d^{(m)}} \overline{a}_{x : \overline{h|}}} = \frac{d^{(m)}}{\delta} \left[{_h} \overline{P} \left(\overline{A}_{x : \overline{n|}} \right) \right]$$

② 책임준비금

$$_t \overline{V}_x^{\{m\}} = \overline{A}_{x+t} - P_x^{\{m\}} \ddot{a}_{x+t}^{\{m\}} = \overline{A}_{x+t} - \left(\frac{\overline{A}_x}{\ddot{a}_x^{\{m\}}} \right) \ddot{a}_{x+t}^{\{m\}}$$

$$= \overline{A}_{x+t} - \overline{P} \, \overline{a}_{x+t} = {_t} \overline{V} \left(\overline{A}_x \right)$$

(10) 분할납 진보험료 책임준비금

$$_t V_x^{(m)} = A_{x+t} - P_x^{(m)} \ddot{a}_{x+t}^{(m)} = A_{x+t} - P_x^{(m)} \left(\ddot{a}_{x+t} - \frac{m-1}{2m} \right)$$

$$= A_{x+t} - P_x^{(m)} \left(\ddot{a}_{x+t} - \frac{m-1}{2m} \right)$$

$$= A_{x+t} - P_x^{(m)} \ddot{a}_{x+t} + \frac{m-1}{2m} P_x^{(m)}$$

$$= A_{x+t} - \left[P_x + \frac{m-1}{2m} P_x^{(m)} \left(P_x + d \right) \right) \right] \ddot{a}_{x+t} + \frac{m-1}{2m} P_x^{(m)}$$

$$= A_{x+t} - P_x \ddot{a}_{x+t} + \frac{m-1}{2m} P_x^{(m)} \left[1 - \left(P_x + d \right) \ddot{a}_{x+t} \right]$$

$$= {_t} V_x + \frac{m-1}{2m} P_x^{(m)} {_t} V_x$$

07 | 영업보험료와 책임준비금 Ⅱ

1. 영업보험료

(1) 예정사업비

① α : 예정신계약비

② β : 예정유지비

③ γ : 예정수금비

(2) 영업보험료(생사혼합보험)

① $_hP'_{x:\overline{n|}} = \dfrac{1}{1-r}\left(_hP_{x:\overline{n|}} + \dfrac{\alpha}{\ddot{a}_{x:\overline{h|}}} + \beta + \beta' \cdot \dfrac{\ddot{a}_{x:\overline{n|}} - \ddot{a}_{x:\overline{h|}}}{\ddot{a}_{x:\overline{h|}}}\right)$

㉠ 전기납 $P'_{x:\overline{n|}} = \dfrac{1}{1-\gamma}\left(P_{x:\overline{n|}} + \dfrac{\alpha}{\ddot{a}_{x:\overline{n|}}} + \beta\right)$

㉡ 일시납 $A'_{x:\overline{n|}} = \dfrac{1}{1-\gamma}\left(A_{x:\overline{n|}} + \alpha + \beta' \cdot \ddot{a}_{x:\overline{n|}}\right)$

② $_hP'^{(m)}_{x:\overline{n|}} = \dfrac{1}{1-r}\left(_hP^{(m)}_{x:\overline{n|}} + \dfrac{\alpha}{\ddot{a}^{(m)}_{x:\overline{h|}}} + \beta + \beta' \cdot \dfrac{\ddot{a}_{x:\overline{n|}} - \ddot{a}_{x:\overline{h|}}}{\ddot{a}^{(m)}_{x:\overline{h|}}}\right)$

2. Zillmer식 책임준비금

(1) 전기(생사혼합보험)

$P_2 = P_{x:\overline{n|}} + \dfrac{\alpha}{\ddot{a}_{x:\overline{n|}}}$

$P_1 = P_2 - \alpha = P_{x:\overline{n|}} + \dfrac{\alpha}{\ddot{a}_{x:\overline{n|}}} - \alpha$

$_tV^{(Z)}_{x:\overline{n|}} = A_{x+t:\overline{n-t|}} - P_2 \cdot \ddot{a}_{x+t:\overline{n-t|}} = {_tV}_{x:\overline{n|}} - \dfrac{\alpha}{\ddot{a}_{x:\overline{n|}}} \cdot \ddot{a}_{x+t:\overline{n-t|}}$

(2) 단기(보통종신보험)

$$P_2 = P_x + \frac{\alpha}{\ddot{a}_{x:\overline{k|}}} \quad (k : \text{Zillmer 기간})$$

① $t \leq k$일 때 : ${}_tV_x^{(kZ)} = {}_tV_x - \frac{\alpha}{\ddot{a}_{x:\overline{k|}}} \cdot \ddot{a}_{x+t:\overline{k-t|}}$

② $t > k$일 때 : ${}_tV_x^{(kZ)} = {}_tV_x$

3. 해약환급금

(1) 월 단위 산출식

$${}_tW = {}_tV^N - \frac{12m - t'}{12m}\alpha$$

① t : 보험가입 후 경과월수

② t' : 월 단위로 환산한 보험료 납입월수

③ m : $Min(7, \text{보험료 납입기간})$

④ α : $Min(\text{보험료산출 시의 예정신계약비율, 보험종류별 신계약비율 한도})$

⑤ ${}_tV^N$: 가입 후 t개월 경과 후 시점의 순보험료식 보험료적립금

(2) 연단위 산출식

① ${}_tW = {}_tV^N - \left(\frac{7-N}{7}\right)\alpha$: 보험료 납입기간이 7년 이상인 경우

② ${}_tW = {}_tV^N - \left(\frac{5-t}{5}\right)\alpha$: 보험료 납입기간이 5년인 경우

08 연합생명확률

1. 생명확률

(1) 동시생존 및 최종생존자 연생확률

① 2인 동시생존

$\bigcirc$ $_tp_{xy} = P(T(xy) > t) = {_tp_x} \cdot {_tp_y}$

$\bigcirc$ $_tq_{xy} = 1 - {_tp_{xy}} = 1 - {_tp_x} \cdot {_tp_y} = 1 - (1 - {_tq_x})(1 - {_tq_y}) = {_tq_x} + {_tq_y} - {_tq_x} \cdot {_tq_y}$

② 최종생존자

$\bigcirc$ $_tq_{\overline{xy}} = P(T(\overline{xy}) \le t) = {_tq_x} \cdot {_tq_y} = {_tq_x} + {_tq_y} - {_tq_{xy}}$

$\bigcirc$ $_tp_{\overline{xy}} = 1 - {_tq_x} \cdot {_tq_y} = 1 - (1 - {_tp_x})(1 - {_tp_y}) = {_tp_x} + {_tp_y} - {_tp_x} \cdot {_tp_y}$

(2) 평균여명

① $\dot{e}_{xy} = \int_0^\infty {_tp_{xy}} dt$

② $\dot{e}_{\overline{xy}} = \int_0^\infty {_tp_{\overline{xy}}} dt = \dot{e}_x + \dot{e}_y - \dot{e}_{xy}$

③ $e_{xy} = \sum_{k=1}^\infty {_kp_{xy}}$

④ $e_{\overline{xy}} = \sum_{k=1}^\infty {_kp_{\overline{xy}}} = e_x + e_y - e_{xy}$

⑤ $\dot{e}_{xy} = e_{xy} + \dfrac{1}{2}$ (UDD 가정)

(3) 조건부 사망확률

① $_nq_{xy}^1 = \int_0^n {_tp_x} \cdot \mu_{x+t} \cdot {_tp_y} dt = \int_0^n {_tp_{xy}} \cdot \mu_{x+t} dt$

② $_nq_{xy} = {_nq_{xy}^1} + {_nq_{xy}^1}$

③ $_\infty q_{xy}^1 = \int_0^\infty {_tp_x} \cdot {_tp_y} \cdot \mu_{x+t} dt = \int_0^\infty {_tp_{xy}} \cdot \mu_{x+t} dt$

④ $1 = {_\infty q_{xy}^1} + {_\infty q_{xy}^1}$

⑤ $_nq_{xy}^2 = \int_0^n (1 - {_tp_x}) \cdot {_tp_y} \cdot \mu_{y+t} dt = {_nq_y} - {_nq_{xy}^1} = {_nq_{xy}^1} - {_np_y} \cdot {_nq_x}$

2. 연생연금과 연생보험

(1) 연합생명과 관련된 생명보험 및 연금보험

① $A_{\overline{xy}} = A_x + A_y - A_{xy}$

② $\ddot{a}_{\overline{xy}} = \ddot{a}_x + \ddot{a}_y - \ddot{a}_{xy}$

③ $\overline{A}_{\overline{xy}} = \overline{A}_x + \overline{A}_y - \overline{A}_{xy}$

④ $\overline{a}_{\overline{xy}} = \overline{a}_x + \overline{a}_y - \overline{a}_{xy}$

(2) 조건부 연생보험

① $\overline{A}_{xy}^1 = \int_0^\infty v^t \, {}_tp_x \, {}_tp_y \mu_{x+t} dt = \int_0^\infty v^t \, {}_tp_{xy}\mu_{x+t} dt$

② $\overline{A}_{xy}^2 = \int_0^\infty v^t \left(1 - {}_tp_y\right) {}_tp_x \mu_{x+t} dt$

$\qquad = \int_0^\infty v^t \, {}_tp_x\mu_{x+t} dt - \int_0^\infty v^t \, {}_tp_y \, {}_tp_x\mu_{x+t} dt$

$\qquad = \overline{A}_x - \overline{A}_{xy}^1$

09 | 보험계약 변경

1. 보험가입금액 감액

(1) 계약자의 사정에 의해 보험료의 계속 납입이 어려워진 경우 계약자의 신청에 의해 보험가입금액을 감액하고 이후의 보험료 납입은 없는 감액완납보험으로 변경이 가능하다. 이 경우 계약변경 당시의 책임준비금 또는 해약환급금을 일시납보험료로 충당하고 감액 후의 보험가입금액을 S' 라 하면

수입현가 : $_tV_{x:\overline{n|}}$

지출현가 : $S' \cdot A_{x+t:\overline{n-t|}}$

수지상등원칙을 적용하면 $S' = \dfrac{_tV_{x:\overline{n|}}}{A_{x+t:\overline{n-t|}}}$ (단, S' : 감액 후 보험가입금액)

(2) 사망보험금은 원래의 보험가입금액을 그대로 두고 만기 보험금만을 R' 으로 변경하는 완납보험으로 변경한다면

수입현가 : $_tV_{x:\overline{n|}}$

지출현가 : $A^{\;\;1}_{x+t:\overline{n-t|}} + R' \cdot A_{x+t:\overline{n-t|}}^{\;\;1}$

수지상등원칙을 적용하면 $R' = \dfrac{_tV_{x:\overline{n|}} - A^{\;\;1}_{x+t:\overline{n-t|}}}{A_{x+t:\overline{n-t|}}^{\;\;1}}$

2. 보험기간 변경

x세인 사람이 n년 만기 생사혼합보험에 가입한 후 t년이 경과한 시점에서 보험기간을 n년에서 m년 ($0 < t < m < n$)으로 단축하고자 할 경우 변경된 계약의 평준연납순보험료를 구할 때 변경 후 계약의 평준연납순보험료를 P라 하면

수입현가 : $_tV_{x:\overline{n|}} + P \cdot \ddot{a}_{x+t:\overline{m-t|}}$

지출현가 : $A_{x+t:\overline{m-t|}}$

수지상등원칙을 적용하면 $P = \dfrac{A_{x+t:\overline{m-t|}} - {}_tV_{x:\overline{n|}}}{\ddot{a}_{x+t:\overline{m-t|}}} = P_{x+t:\overline{m-t|}} - \dfrac{_tV_{x:\overline{n|}}}{\ddot{a}_{x+t:\overline{m-t|}}}$

위 내용을 처음부터 변경한 후 보험을 가입하였다고 가정하여 계산해보면

구분	변경 전 계약	변경 후 계약
평준연납순보험료	$P_{x:\overline{n|}}$	$P_{x:\overline{m|}}$
책임준비금	$_tV_{x:\overline{n|}}$	$_tV_{x:\overline{m|}}$

변경 후의 평준연납순보험료

$$P = P_{x\,:\,\overline{m|}} + \frac{{}_tV_{x\,:\,\overline{m|}} - {}_tV_{x\,:\,\overline{n|}}}{\ddot{a}_{x+t\,:\,\overline{m-t|}}} \quad (\because \text{ 책임준비금 차액만큼 추가 납입})$$

3. 감액완납보험(납제보험)

피보험자(x), n년 만기 양로보험에서 책임준비금 적립이 순보험료식인 경우 t년 경과 후에 감액완납보험으로 변경하는 경우

$${}_tW = S'\left(A_{x+t\,:\,\overline{n-t|}} + \beta' \cdot \ddot{a}_{x+t\,:\,\overline{n-t|}}\right)$$

$$\therefore \ S' = \frac{{}_tW}{A_{x+t\,:\,\overline{n-t|}} + \beta' \cdot \ddot{a}_{x+t\,:\,\overline{n-t|}}}$$

단 상황에 따라 ${}_tW$ 대신 ${}_tV_{x\,:\,\overline{n|}}$ 을 사용하는 경우도 있으며, 약관대출금이 있는 경우에는 ${}_tW - {}_tL$을 적용한다 (단, S' : 변경된(감액완납 후) 보험금액, β' : 완납 후 유지비).

4. 계약전환

원래계약(전환 전 계약)의 책임준비금으로부터 새로운 계약과 동일한 보험기간의 감액완납보험을 구입하고, 신계약의 보험료 계산은 신보험 금액으로부터 감액완납보험금액을 차감한 금액에 대하여 계산한다.

(1) 신계약의 감액완납보험의 계산

$${}_tV = S'\left(A_{x\,:\,\overline{n|}} + \beta' \cdot \ddot{a}_{x\,:\,\overline{n|}}\right)$$

$$\therefore \ S' = \frac{{}_tV}{A_{x\,:\,\overline{n|}} + \beta' \cdot \ddot{a}_{x\,:\,\overline{n|}}}$$

(단, t : 원래계약의 경과연수, x : 신계약의 계약연령, n : 신계약의 보험기간)

(2) 전환 후 계약의 영업보험료 계산

$$P' = P'_{x\,:\,\overline{n|}}\left(S - \frac{{}_tV}{A_{x\,:\,\overline{n|}} + \beta' \cdot \ddot{a}_{x\,:\,\overline{n|}}}\right)$$

제 **3** 편 | 실전대비문제

01 어떤 투자자가 $\frac{1}{4}$년 시점에서 100을 이력 $\delta_t = \frac{2+4t}{15}$로 투자했다. $\frac{3}{4}$년 동안 투자했을 때의 종가를 구하시오(단, t는 0시점부터 경과한 연단위 시간이다). (2017년)

① $100e^{\frac{41}{40}}$

② $100e^{\frac{43}{40}}$

③ $100e^{\frac{9}{40}}$

④ $100e^{\frac{13}{40}}$

[해설]
$$a(t) = e^{\int_0^t \delta_s ds}$$
$$\frac{a(t_2)}{a(t_1)} = e^{\int_{t_1}^{t_2} \delta_t dt}$$
$$100e^{\int_{\frac{1}{4}}^{\frac{1}{4}+\frac{3}{4}} \delta_t dt} = 100e^{\int_{\frac{1}{4}}^{1} \frac{2+4t}{15} dt} = 100e^{\left[\frac{2}{15}t + \frac{2}{15}t^2\right]_{\frac{1}{4}}^{1}} = 100e^{\frac{9}{40}}$$

답 ③

02 보험회사는 A, B 두 개의 보험계약을 체결했다. A, B보험은 보험금 청구가 있고 난 뒤 다음 보험금 청구까지 걸리는 시간이 각각 평균 2일과 평균 3일의 지수분포를 이룬다. A, B보험의 보험금 청구가 서로 독립일 때, 다음 보험금 청구가 A보험에서 일어날 확률을 구하시오. (2017년)

① 0.3

② 0.4

③ 0.5

④ 0.6

[해설]
- X : A보험계약의 다음 보험금 청구까지 걸리는 시간
- Y : B보험계약의 다음 보험금 청구까지 걸리는 시간

다음 보험금 청구가 A에서 일어나기 위해선 A보험계약의 다음 보험금 청구까지 걸리는 시간이 B보험계약보다 짧아야 한다는 의미가 된다.

$$P(X < Y) = \int_0^\infty \int_0^y \left(\frac{1}{2}e^{-\frac{1}{2}x}\right)\left(\frac{1}{3}e^{-\frac{1}{3}y}\right)dxdy = \int_0^\infty \left[-e^{-\frac{1}{2}x}\right]_0^y \cdot \left(\frac{1}{3}e^{-\frac{1}{3}y}\right)dy$$
$$= \int_0^\infty \left(1 - e^{-\frac{1}{2}y}\right)\left(\frac{1}{3}e^{-\frac{1}{3}y}\right)dy = \int_0^\infty \left(\frac{1}{3}e^{-\frac{1}{3}y} - \frac{1}{3}e^{-\frac{5}{6}y}\right)dy = \left[-e^{-\frac{1}{3}y} + \frac{2}{5}e^{-\frac{5}{6}y}\right]_0^\infty$$
$$= 0.6$$

답 ④

03 자동차 2대를 소유한 A씨가 공제액(deductible)이 각각 1과 2인 두 종류의 자동차 보험을 구입했다. 자동차 사고가 발생했을 때, 각 차의 수리비는 서로 독립이고 구간 [0, 10]에서 균등분포를 따른다. 1년 동안 각 자동차에 한 번의 사고가 발생한다고 할 때, 1년 동안 지불될 전체 보험금이 5 이하일 확률을 구하시오.

(2017년)

① $\dfrac{57}{200}$ ② $\dfrac{59}{200}$

③ $\dfrac{61}{200}$ ④ $\dfrac{63}{200}$

해설

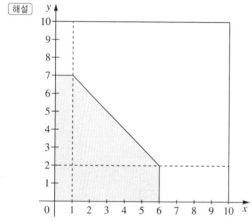

공제액 1인 자동차 보험을 X라 하고 공제액 2인 자동차 보험을 Y라 하자. X는 공제액이 1이기 때문에 손실이 1 이상일 때 보험금이 발생하고 Y는 공제액이 2이기 때문에 손실이 2 이상일 때 보험금이 발생한다. 따라서 X와 Y의 사고로 인한 보험금 합이 5 이하가 되는 부분은 위 그래프에서 색칠된 부분이다.

따라서 1년 동안 지불될 전체 보험금이 5 이하일 확률은 $\dfrac{\text{색칠된 면적}}{\text{전체 면적}} = \dfrac{29.5}{100} = \dfrac{59}{200}$이 된다.

답 ②

---

04 (x)의 장래개산생존기간을 나타내는 확률변수 K의 누적분포함수가 다음과 같이 주어졌을 때 $e_{x:\overline{3}|}$을 구하시오(단, 사망은 소수연령구간 내에서 균등분포를 따른다).

(2017년)

k	0	1	2	3	4	5
$F(k)$	0.20	0.35	0.60	0.75	0.80	1

① 1.95   ② 2.05

③ 2.15   ④ 2.25

해설

$$\mathring{e}_{x:\overline{3}|} = \mathring{e}_x - {}_{3|}\mathring{e}_x = \mathring{e}_x - {}_3p_x\mathring{e}_{x+3} = \left(e_x + \frac{1}{2}\right) - {}_3p_x\left(e_{x+3} + \frac{1}{2}\right) (\because \text{UDD 가정})$$

$$= \left(e_x - {}_3p_xe_{x+3}\right) + \frac{1}{2}\left(1 - {}_3p_x\right) = e_{x:\overline{3}|} + \frac{1}{2}\left(1 - {}_3p_x\right) = \left({}_1p_x + {}_2p_x + {}_3p_x\right) + \frac{1}{2}\left({}_3q_x\right)$$

$$= \{(1-0.2) + (1-0.35) + (1-0.6)\} + \frac{1}{2} \times 0.6 = 2.15$$

답 ③

05 $_kV_{50:\overline{10|}}^{\frac{1}{}} = 0.5$ 이고 $_{k+1}V_{50:\overline{10|}}^{\frac{1}{}} = 0.7$일 때, $P_{50:\overline{10|}}^{\frac{1}{}}$ 을 구하시오 (단, $l_{51+k} = 9,000$, $l_{50+k} = 10,000$ 이고 $i = 0.1$ 이다).

(2017년)

① 0.03   ② 0.05

③ 0.07   ④ 0.09

[해설] 순보험료의 분해와 재귀식에 의하면

$$\left(_kV_{50:\overline{10|}}^{\frac{1}{}} + P_{50:\overline{10|}}^{\frac{1}{}}\right)(1+i) = 0 \times q_{50+k} + p_{50+k} \cdot {}_{k+1}V_{50:\overline{10|}}^{\frac{1}{}}$$

$$\therefore\ P_{50:\overline{10|}}^{\frac{1}{}} = vp_{50+k} \cdot {}_{k+1}V_{50:\overline{10|}}^{\frac{1}{}} - {}_kV_{50:\overline{10|}}^{\frac{1}{}}$$

$$= v \frac{l_{51+k}}{l_{50+k}} \cdot {}_{k+1}V_{50:\overline{10|}}^{\frac{1}{}} - {}_kV_{50:\overline{10|}}^{\frac{1}{}}$$

$$= \frac{1}{1.1} \times \frac{9,000}{10,000} \times 0.7 - 0.5 \fallingdotseq 0.07273$$

답 ③

06 다음 중 $\ddot{a}_{\overline{4|}} + \ddot{a}_{\overline{8|}} + \ddot{a}_{\overline{12|}} + \cdots + \ddot{a}_{\overline{200|}}$과 같은 것은?

(2017년)

① $\dfrac{1}{i\ddot{s}_{\overline{4|}}}\left[50 - \ddot{a}_{\overline{200|}}\right]$ ② $\dfrac{1}{v}\left[50 - \dfrac{a_{\overline{200|}}}{s_{\overline{4|}}}\right]$

③ $\dfrac{1}{d}\left[50 - \dfrac{a_{\overline{200|}}}{a_{\overline{4|}}}\right]$ ④ $\dfrac{1}{d}\left[50 - \dfrac{\ddot{a}_{\overline{200|}}}{\ddot{s}_{\overline{4|}}}\right]$

[해설]
$$\ddot{a}_{\overline{4|}} + \ddot{a}_{\overline{8|}} + \ddot{a}_{\overline{12|}} + \cdots + \ddot{a}_{\overline{200|}} = \frac{1-v^4}{d} + \frac{1-v^8}{d} + \frac{1-v^{12}}{d} + \cdots + \frac{1-v^{200}}{d}$$

$$= \frac{50 - (v^4 + v^8 + v^{12} + \cdots + v^{200})}{d} = \frac{50 - \dfrac{v^4\{1-(v^4)^{50}\}}{1-v^4}}{d} = \frac{50 - \dfrac{1-(v^4)^{50}}{(1+i)^{50}-1}}{d}$$

$$= \frac{1}{d}\left(50 - \frac{\ddot{a}_{\overline{200|}}}{\ddot{s}_{\overline{4|}}}\right)$$

답 ④

07 생존함수가 $s(x) = 1 - \dfrac{x}{\omega}\ (0 \le x \le \omega)$ 이고 $\overset{\circ}{e}_{30} = 40$일 때, $_{20|}\overset{\circ}{e}_{60}$을 구하시오.

(2017년)

① 8   ② 9

③ 10   ④ 11

[해설]
$$\overset{\circ}{e}_{30} = \frac{\omega - 30}{2} = 40 \qquad \therefore\ \omega = 110$$

$$_{20|}\overset{\circ}{e}_{60} = {}_{20}p_{60}\,\overset{\circ}{e}_{80} = \left(\frac{110-80}{110-60}\right)\left(\frac{110-80}{2}\right) = 9$$

답 ②

08 A는 어느 은행에서 $a_{\overline{20|}}$을 대출받았다. 이 대출금은 20년 동안 매년 말에 원리금을 균등상환한다. 홀수년에 상환할 이자액의 합을 구하시오(단, 이자율 $i=0.05$이며 $v^{20}=0.376889$이다). (2017년)

① 3.92   ② 4.92

③ 5.92   ④ 6.92

[해설]
$$I_1 = i\left(a_{\overline{20|}}\right) = 1-v^{20}$$
$$I_3 = i\left(a_{\overline{18|}}\right) = 1-v^{18}$$
$$\vdots$$
$$I_{19} = i\left(a_{\overline{2|}}\right) = 1-v^{2}$$
$$\therefore\ I_1 + I_3 + \cdots + I_{19} = (1-v^{20}) + (1-v^{18}) + \cdots + (1-v^2) = 10 - \frac{v^2\left\{1-(v^2)^{10}\right\}}{1-v^2}$$
$$= 10 - \frac{\left(\dfrac{1}{1.05}\right)^2 - \left(\dfrac{1}{1.05}\right)^2 \times 0.376889}{1-\left(\dfrac{1}{1.05}\right)^2} \fallingdotseq 3.92$$

답 ①

09 피보험자(35)는 보험료 납입기간 25년, 보험금 1인 완전이산(fully discrete) 종신보험에 가입했다. 처음 10년간의 연납 순보험료는 P_{35}이고, 다음 15년간의 연납 순보험료는 π이다. 다음 조건하에서 제10보험연도 말 순보험료식 책임준비금을 구하시오. (2017년)

> (가) $A_{45} = 0.4$
> (나) $P_{35} = 0.02$, $d = 0.06$

① 0.2   ② 0.3

③ 0.4   ④ 0.5

[해설]
$$A_x = 1 - d\ddot{a}_x \qquad\qquad \therefore\ \ddot{a}_x = \frac{1-A_x}{d}$$
$$P_x = \frac{A_x}{\ddot{a}_x} = \frac{1-d\ddot{a}_x}{\ddot{a}_x} = \frac{1}{\ddot{a}_x} - d \qquad\qquad \therefore\ \ddot{a}_x = \frac{1}{P_x + d}$$
$$_{10}V_{35} = 1 - \frac{\ddot{a}_{45}}{\ddot{a}_{35}} = 1 - \frac{\left(\dfrac{1-A_{45}}{d}\right)}{\left(\dfrac{1}{P_{35}+d}\right)} = 1 - \frac{\dfrac{1-0.4}{0.06}}{\dfrac{1}{0.02+0.06}} = 0.2$$

답 ①

10 68세인 피보험자가 사망연도 말에 보험금 10을 지급하는 2년 만기 정기보험에 가입했다. 이 보험의 보험금 현가확률변수를 Z라 할 때, 다음을 이용하여 $Var(Z)$을 구하시오(단, 이자율 $i=0$이다).

(2017년)

x	$l_{[x]}$	$l_{[x]+1}$	l_{x+2}	$x+2$
68	770	760	740	70
69	750	730	710	71
70	740	720	700	72

① 2.74 ② 3.74

③ 4.74 ④ 5.74

[해설] $Z = \begin{cases} 10v^{k+1}, & k=0,\ 1 \\ 0, & k \geq 2 \end{cases}$

$E(Z) = \sum_{k=0}^{1} 10v^{k+1} \cdot {}_{k|}q_{[68]} = 10vq_{[68]} + 10v^2 \,{}_{1|}q_{[68]}$

$\qquad = 10\left(\dfrac{l_{[68]} - l_{[68]+1}}{l_{[68]}}\right) + 10\left(\dfrac{l_{[68]+1} - l_{70}}{l_{[68]}}\right) = 10\left(\dfrac{770-760}{770}\right) + 10\left(\dfrac{760-740}{770}\right) \fallingdotseq 0.39$

$E(Z^2) = \sum_{k=0}^{1} \left(10v^{k+1}\right)^2 \cdot {}_{k|}q_{[68]} = 100vq_{[68]} + 100v^2 \,{}_{1|}q_{[68]}$

$\qquad = 100\left(\dfrac{l_{[68]} - l_{[68]+1}}{l_{[68]}}\right) + 100\left(\dfrac{l_{[68]+1} - l_{70}}{l_{[68]}}\right)$

$\therefore\ V(Z) = E(Z^2) - E(Z)^2 = 3.9 - 0.39^2 = 3.7479$

답 ②

11 피보험자 (70)는 사망 즉시 보험금이 지급되는 종신보험에 가입했다. 다음 조건하에서 보험금의 보험수리적 현가를 구하시오.

(2017년)

> (가) t시점의 사망보험금 $b_t = 10{,}000 - 4t^2$
> (나) 이자율은 단리 2%를 적용
> (다) 사망은 $\omega = 120$인 De Moivre의 법칙을 따름

① 1,000 ② 3,000

③ 5,000 ④ 7,000

[해설] $APV = \displaystyle\int_0^{50} b_t \cdot v^t \cdot {}_t p_{70} \mu_{70+t} dt = \int_0^{50} (10{,}000 - 4t^2)(1+0.02t)^{-1} \cdot \dfrac{1}{50} dt$

$\qquad = \dfrac{1}{50} \displaystyle\int_0^{50} \dfrac{10{,}000(1+0.02t)(1-0.02t)}{1+0.02t} dt = \dfrac{10{,}000}{50} \int_0^{50} (1-0.02t) dt$

$\qquad = 200[t - 0.01t^2]_0^{50} = 5{,}000$

답 ③

12 피보험자(50)는 사망 즉시 보험금 10이 지급되는 종신보험에 가입했다. 보험금의 현가확률변수를 Z라 할 때, $E(Z) = 5$이다. $Var(Z)$를 구하시오(단, 이력과 사력은 상수이다). (2017년)

① 6.3 ② 7.3

③ 8.3 ④ 9.3

[해설] $Z = 10v^t, \ t \geq 0$

사력이 상수이므로 CFM 조건하에 계산한다.

$$E(Z) = \int_0^\infty 10v^t \ _tp_x \mu_{x+t} dt = \int_0^\infty 10e^{-\delta t} e^{-\mu t} \mu dt = 10\frac{\mu}{\delta+\mu} = 5 \qquad \therefore \ \frac{\mu}{\delta+\mu} = \frac{1}{2} \ \Rightarrow \ \delta = \mu$$

$$E(Z^2) = \int_0^\infty (10v^t)^2 \ _tp_x \mu_{x+t} dt = \int_0^\infty 100e^{-2\delta t} e^{-\mu t} \mu dt = 100\frac{\mu}{2\delta+\mu} = \frac{100}{3}$$

$$\therefore \ V(Z) = E(Z^2) - E(Z)^2 = \frac{100}{3} - 5^2 = \frac{25}{3} \fallingdotseq 8.333$$

답 ③

13 다음 조건하에서 $\overline{A}_{x:\overline{3|}}$을 구하시오. (2017년)

> (가) 이자율 $i = 0.03, \ \ln(1.03) = 0.029559$
> (나) $q_x = 0.1, \ q_{x+1} = 0.2, \ q_{x+2} = 0.3$
> (다) 매 연령마다 단수부분에 대한 가정은 UDD

① 0.87 ② 0.89

③ 0.91 ④ 0.93

[해설] $A_{x:\overline{3|}}^{\ 1} = vq_x + v^2 \ _{1|}q_x + v^3 \ _{2|}q_x = vq_x + v^2 \ _1p_x q_{x+1} + v^3 \ _2p_x q_{x+2}$

$$= \left(\frac{1}{1.03}\right) \times 0.1 + \left(\frac{1}{1.03}\right)^2 \times 0.9 \times 0.2 + \left(\frac{1}{1.03}\right)^3 \times 0.9 \times 0.8 \times 0.3$$

$$\fallingdotseq 0.4644$$

$$A_{x:\frac{1}{3|}} = v^3 \ _3p_x = \left(\frac{1}{1.03}\right)^3 \times 0.9 \times 0.8 \times 0.7 \fallingdotseq 0.461$$

$$\delta = \ln(1+i) = \ln(1.03) = 0.029559$$

$$\therefore \ \overline{A}_{x:\overline{3|}} = \overline{A}_{x:\overline{3|}}^{\ 1} + A_{x:\frac{1}{3|}} = \frac{i}{\delta} A_{x:\overline{3|}}^{\ 1} + A_{x:\frac{1}{3|}} = \frac{0.03}{0.029559} \times 0.4644 + 0.461 \fallingdotseq 0.932$$

답 ④

14 피보험자(20)는 40세부터 지급되는 기시급 거치종신연금에 가입했다. 다음 조건하에서 연금지급액의 총합이 일시납순보험료보다 더 클 확률을 구하시오. (2017년)

> (가) 이자율 $i = 0$
> (나) $l_x = 80 - x$

① 0.45　　　　　　　　　　　　② 0.52

③ 0.67　　　　　　　　　　　　④ 0.81

[해설] $l_x = 80 - x$ 따라서 De Moivre법칙하에 한계연령 $\omega = 80$

$$\ddot{a}_{20} = \sum_{t=0}^{59} v^t {}_t p_{20} = \sum_{t=0}^{59} \frac{l_{20+t}}{l_{20}} = \sum_{t=0}^{59} \frac{80 - (20+t)}{80 - 20} = \sum_{t=0}^{59} \left(1 - \frac{t}{60}\right) = 30.5$$

$$\ddot{a}_{20:\overline{20|}} = \sum_{t=0}^{19} v^t {}_t p_{20} = \sum_{t=0}^{19} \frac{80 - (20+t)}{80 - 20} = \sum_{t=0}^{19} \left(1 - \frac{t}{60}\right) \fallingdotseq 16.8333$$

연금지급액 총합을 A라 하면

$$\Pr\left({}_{20|}\ddot{a}_{20} < A\right) = \Pr\left(\ddot{a}_{20} - \ddot{a}_{20:\overline{20|}} < A\right) = \Pr(30.5 - 16.8333 = 13.6667 < A)$$

$$= {}_{33}p_{20} = \frac{80 - (20+33)}{80 - 20} = 0.45$$

(*40세부터 시작되는 기시급 연금의 14번째 지급시기는 53세이다)

답 ①

---

15 피보험자(30)는 사망연도 말에 보험금을 지급하는 전기 연납 종신보험에 가입했다. 다음 조건하에서 제15보험연도 말 순보험료식 책임준비금을 구하시오. (2017년)

> (가) $M_{30} = 800,\ M_{40} = 600,\ M_{45} = 500$
> 　　$N_{30} = 112,000,\ N_{45} = 32,000,\ D_{45} = 2,500$
> (나) 보험금은 처음 10년 안에 사망할 경우 5,000을, 그 이후로는 10,000을 지급함

① 800　　　　　　　　　　　　② 1,000

③ 1,200　　　　　　　　　　　④ 1,400

[해설] 지출현가 : $5,000 A_{30} + 5,000\,{}_{10|}A_{30} = 5,000 A_{30} + 5,000\,{}_{10}E_{30}A_{40}$

수입현가 : $P\ddot{a}_{30}$

수지상등원칙을 적용하여 보험료를 계산하면

$$P = \frac{5,000 A_{30} + 5,000\,{}_{10}E_{30}A_{40}}{\ddot{a}_{30}} = \frac{5,000 \dfrac{M_{30}}{D_{30}} + 5,000 \dfrac{M_{40}}{D_{40}}}{\dfrac{N_{30}}{D_{30}}} = \frac{5,000 M_{30} + 5,000 M_{40}}{N_{30}}$$

$$= \frac{5,000 \times 800 + 5,000 \times 600}{112,000} = 62.5$$

$\therefore {}_{15}V = $ 장래지출현가 $-$ 장래수입현가 $= 10,000 A_{45} - P\ddot{a}_{45}$

$$= 10,000 \frac{M_{45}}{D_{45}} - 62.5 \frac{N_{45}}{D_{45}} = 10,000 \times \frac{600}{2,500} - 62.5 \times \frac{32,000}{2,500} = 1,200$$

답 ③

16 80세로 구성된 동창회의 회원은 500명이다. 동창생들이 모두 동일한 금액을 출연하여 기금을 조성하기로 했다. 이 기금으로 동창회 회원이 사망할 경우, 사망 발생연도 말에 사망보험금 10을 지급한다. 다음 조건하에서 95%의 신뢰도로 모든 사망보험금을 지급하기 위해 충분한 기금의 최솟값을 구하시오.

> (가) $l_x = 90 - x$
> (나) 이자율 $i = 0.1$
> (다) 모든 회원의 장래생존기간은 서로 독립이고 동일한 분포를 따름
> (라) Z는 표준정규분포를 따르며, $P(Z \leq 1.645) = 0.95$
> (마) $1.1^{10} = 2.59$, $\sqrt{1,410} = 37.55$

① 3,132

② 3,690

③ 4,148

④ 4,901

[해설] $Z_i = 10v^{k+1}, \ k = 0, \ 1, \ 2, \ \cdots, \ 9$

$S = Z_1 + Z_2 + \cdots + Z_{500}$

$$E(Z_i) = \sum_{k=0}^{9} 10v^{k+1} \ _{k|}q_{80} = \sum_{k=0}^{9} 10\left(\frac{1}{1.1}\right)^{k+1} \cdot \frac{1}{10} = \frac{\left(\frac{1}{1.1}\right)\left\{1-\left(\frac{1}{1.1}\right)^{10}\right\}}{1-\left(\frac{1}{1.1}\right)} \fallingdotseq 6.14$$

$$E(Z_i^2) = \sum_{k=0}^{9} (10v^{k+1})^2 \ _{k|}q_{80} = \sum_{k=0}^{9} 100\left(\frac{1}{1.1}\right)^{2(k+1)} \cdot \frac{1}{10} = 10 \times \frac{\left(\frac{1}{1.1}\right)^2\left\{1-\left(\frac{1}{1.1}\right)^{20}\right\}}{1-\left(\frac{1}{1.1}\right)^2} \fallingdotseq 40.52$$

$V(Z_i) = E(Z_i^2) - E(Z_i)^2 = 40.52 - (6.14)^2 = 2.8204$

$E(S) = E(Z_1 + Z_2 + \cdots z + Z_{500}) = 500E(Z_i) = 500 \times 6.14 = 3,070$

$V(S) = V(Z_1 + Z_2 + \cdots + Z_{500}) = V(Z_1) + V(Z_2) + \cdots + V(Z_{500}) \ (\because 서로 \ 독립)$

$\qquad = 500V(Z_i) = 500 \times 2.8204 = 1,410.2 \fallingdotseq 1,410$

동창회 회원 전체의 출연기금을 k라 하면

$\Pr[S \leq k] = \Pr\left[\dfrac{S-E(S)}{\sqrt{V(S)}} \leq \dfrac{k-E(S)}{\sqrt{V(S)}}\right] = \Pr\left[Z \leq \dfrac{k-E(S)}{\sqrt{V(S)}}\right] = 0.95$

$\therefore \ \dfrac{k-E(S)}{\sqrt{V(S)}} = 1.645$

$\therefore \ k = E(S) + 1.645\sqrt{V(S)} = 3,070 + 1.645 \times \sqrt{1410} = 3,131.76975 \fallingdotseq 3,132$

답 ①

17 T는 (x)의 장래생존기간을 나타내는 확률변수이다. 다음 조건하에서 확률 $\Pr(\bar{a}_{\overline{T}|} < \bar{a}_x)$를 구하시오.

(2017년)

(가) 이력 및 사력은 상수

(나) $\bar{a}_x = 20$, $\bar{A}_x = 0.2$

(다) $\ln(0.2) = -1.6$, $e^{0.4} = 1.4918$

---

① 0.21　　　　　　　　　　② 0.27

③ 0.33　　　　　　　　　　④ 0.41

[해설] 사력이 상수이므로 CFM 조건임을 알 수 있다.

따라서 $\bar{a}_x = \dfrac{1}{\mu + \delta} = 20$, $\bar{A}_x = \dfrac{\mu}{\delta + \mu} = 0.2$

두 관계식으로부터 $\mu = 0.01$, $\delta = 0.04$를 구할 수 있다.

$$\Pr\left[\bar{a}_{\overline{T}|} < \bar{a}_x\right] = \Pr\left[\frac{1 - v^T}{\delta} < 20\right] = \Pr\left[T < \frac{\ln(1 - 20\delta)}{-\delta} = \frac{\ln(1 - 20 \times 0.04)}{-0.04} = 40\right]$$

$$= {}_{40}q_x = 1 - {}_{40}p_x = 1 - \left(e^{-0.01}\right)^{40} = 1 - e^{-0.4}$$

$$= 1 - (1.4918)^{-1} \fallingdotseq 0.3297$$

답 ③

18 어떤 대학교 20세 모임에서 남학생 숫자는 여학생 숫자의 2배이다. 남학생의 사력이 0.1, 여학생의 사력이 0.08일 때, 이 모임에서 무작위로 선택된 한 학생의 $Var\left(\bar{a}_{\overline{T(20)|}}\right)$을 구하시오(단, $T(x)$는 x세인 사람의 장래생존기간을 나타내고, 이력은 0.1이다).

(2017년)

① 8.6

② 9.0

③ 9.4

④ 9.8

[해설] S : 전체, A : 남학생, B : 여학생

남학생이 여학생의 두 배이므로 $\Pr(A)=\dfrac{2}{3}$, $\Pr(B)=\dfrac{1}{3}$ 이 된다.

$$E\left(\bar{a}_{\overline{T|}}|A\right)=\int_0^\infty v^t\,{}_tp_{20}^A dt=\int_0^\infty e^{-\delta t}e^{-\mu_A t}dt=\frac{1}{\mu_A+\delta}=\frac{1}{0.1+0.1}=5$$

$$V\left(\bar{a}_{\overline{T|}}|A\right)=V\left(\frac{1-v^t}{\delta}\Big|A\right)=\frac{V(v^t|A)}{\delta^2}=\frac{E\left[(v^t)^2|A\right]-E[v^t|A]^2}{\delta^2}=\frac{{}^2\overline{A}_{20}^A-\left(\overline{A}_{20}^A\right)^2}{\delta^2}$$

$$=\frac{\left(\dfrac{\mu_A}{2\delta+\mu_A}\right)-\left(\dfrac{\mu_A}{\delta+\mu_A}\right)^2}{\delta^2}=\frac{\left(\dfrac{0.1}{2\times0.1+0.1}\right)-\left(\dfrac{0.1}{0.1+0.1}\right)^2}{(0.1)^2}\fallingdotseq 8.33$$

$$E\left(\bar{a}_{\overline{T|}}^{\,2}|A\right)=V\left(\bar{a}_{\overline{T|}}|A\right)+E\left(\bar{a}_{\overline{T|}}|A\right)^2=8.33+5^2=33.33$$

$$E\left(\bar{a}_{\overline{T|}}|B\right)=\int_0^\infty v^t\,{}_tp_{20}^B dt=\int_0^\infty e^{-\delta t}e^{-\mu_B t}dt=\frac{1}{\delta+\mu_B}=\frac{1}{0.1+0.08}\fallingdotseq 5.56$$

$$V\left(\bar{a}_{\overline{T|}}|B\right)=V\left(\frac{1-v^t}{\delta}\Big|B\right)=\frac{V(v^t|B)}{\delta^2}=\frac{E\left[(v^t)^2|B\right]-E[v^t|B]^2}{\delta^2}=\frac{{}^2\overline{A}_{20}^B-\left(\overline{A}_{20}^B\right)^2}{\delta^2}$$

$$=\frac{\left(\dfrac{\mu_B}{2\delta+\mu_B}\right)-\left(\dfrac{\mu_B}{\delta+\mu_B}\right)^2}{\delta^2}=\frac{\left(\dfrac{0.08}{2\times0.1+0.08}\right)-\left(\dfrac{0.08}{0.1+0.08}\right)^2}{(0.1)^2}\fallingdotseq 8.82$$

$$E\left(\bar{a}_{\overline{T|}}^{\,2}|B\right)=V\left(\bar{a}_{\overline{T|}}|B\right)+E\left(\bar{a}_{\overline{T|}}|B\right)^2=8.82+(5.56)^2=39.7336$$

$$E\left(\bar{a}_{\overline{T|}}|S\right)=\frac{2}{3}\times E\left(\bar{a}_{\overline{T|}}|A\right)+\frac{1}{3}\times E\left(\bar{a}_{\overline{T|}}|B\right)=\frac{2}{3}\times5+\frac{1}{3}\times5.56\fallingdotseq 5.19$$

$$E\left(\bar{a}_{\overline{T|}}^{\,2}|S\right)=\frac{2}{3}\times E\left(\bar{a}_{\overline{T|}}^{\,2}|A\right)+\frac{1}{3}\times E\left(\bar{a}_{\overline{T|}}^{\,2}|B\right)=\frac{2}{3}\times33.33+\frac{1}{3}\times39.7336\fallingdotseq 35.46$$

$$\therefore\ V\left(\bar{a}_{\overline{T|}}|S\right)=E\left(\bar{a}_{\overline{T|}}^{\,2}|S\right)-E\left(\bar{a}_{\overline{T|}}|S\right)^2=35.46-(5.19)^2=8.5239$$

답 ①

19 피보험자(40)가 사망 즉시 보험금 2,000이 지급되는 종신보험에 가입했다. 보험료는 연속적으로 납입하고 1년 보험료 총액은 200일 때, 보험사의 손실이 발생할 확률을 구하시오(단, $\ln(0.5) = -0.7$, $\delta = 0.1$ 이다). (2017년)

① $_{3.5}q_{40}$

② $_{7}q_{40}$

③ $_{14}q_{40}$

④ $_{21}q_{40}$

[해설] $L = 2{,}000v^T - 200\bar{a}_{\overline{T|}}, \ T \geq 0$

$$\Pr[L>0] = \Pr\left[2{,}000v^T - 200\bar{a}_{\overline{T|}} > 0\right] = \Pr\left[\left(2{,}000 + \frac{200}{\delta}\right)v^T - \frac{200}{\delta} > 0\right]$$

$$= \Pr\left[v^T > \left(\frac{200}{\delta}\right)\left(2{,}000 + \frac{200}{\delta}\right)^{-1}\right]$$

$$= \Pr\left[T < \left(-\frac{1}{\delta}\right)\left(\ln\left(\frac{200}{\delta}\right)\left(2{,}000 + \frac{200}{\delta}\right)^{-1}\right)\right]$$

$$= \Pr[T < 7]$$

$$= {_{7}q_{40}}$$

답 ②

---

20 이력이 $\delta_t = \dfrac{2t}{10 + t^2} \ (t \geq 0)$으로 주어질 때, $\ddot{s}_{\overline{2|}}$ 값을 구하시오. (2018년)

① 2.31

② 2.43

③ 2.55

④ 2.67

[해설]

$$a(t) = e^{\int_0^t \delta_s ds}$$

$$\ddot{a}_{\overline{n|}} = \sum_{t=0}^{n-1} \frac{1}{a(t)}$$

$$\ddot{s}_{\overline{n|}} = a(n) \times \ddot{a}_{\overline{n|}} = a(n) \times \sum_{t=0}^{n-1} \frac{1}{a(t)}$$

$$a(t) = e^{\int_0^t \delta_s ds} = e^{\int_0^t \left(\frac{2s}{10+s^2}\right) ds} = e^{[\ln(10+s^2)]_0^t} = e^{(\ln(10+t^2) - \ln 10)} = \frac{10 + t^2}{10}$$

$$\therefore \ a(2) = \frac{10 + 2^2}{10} = \frac{7}{5}$$

$$\ddot{a}_{\overline{2|}} = \sum_{t=0}^{1} \frac{1}{a(t)} = \frac{10}{10} + \frac{10}{11} = \frac{21}{11}$$

$$\therefore \ \ddot{s}_{\overline{2|}} = a(2) \times \ddot{a}_{\overline{2|}} = \frac{7}{5} \times \frac{21}{11} \fallingdotseq 2.673$$

답 ④

21 현재 시점에 1을 3년간 투자할 때 첫 1년은 명목이율 $i^{(4)} = k$로 적용되고 나머지 2년은 명목할인율 $d^{(2)} = k$로 적용된다. 3년 후의 종가가 16이 되기 위한 k를 구하시오. (2018년)

① $\dfrac{1}{5}$ ② $\dfrac{2}{5}$

③ $\dfrac{3}{5}$ ④ $\dfrac{4}{5}$

[해설] $\left(1 + \dfrac{i^{(4)}}{4}\right)^4 \times \left[\left(1 - \dfrac{d^{(2)}}{2}\right)^{-2}\right]^2 = 16$

$\left(1 + \dfrac{k}{4}\right)^4 \times \left(1 - \dfrac{k}{2}\right)^{-4} = 16 \ (\because \ i^{(4)} = k, \ d^{(2)} = k)$

$\left(\dfrac{4+k}{4}\right)^4 \times \left(\dfrac{2}{2-k}\right)^4 = \left[\left(\dfrac{4+k}{4}\right) \times \left(\dfrac{2}{2-k}\right)\right]^4 = 16 = 2^4$

$\therefore \ \left(\dfrac{4+k}{4}\right) \times \left(\dfrac{2}{2-k}\right) = \dfrac{4+k}{2(2-k)} = 2$

$\therefore \ k = \dfrac{4}{5}$

답 ④

22 1,000을 대출하여 앞으로 3년 동안 매년 말에 균등상환하기로 하였다. 연이율(annual effective rate of interest) $i = 0.05$일 때 3년 동안 지급되는 이자의 총합을 구하시오(단, $a_{\overline{3|}} = 2.723$). (2018년)

① 87   ② 92

③ 97   ④ 102

[해설] 균등상환액을 A라 하면

$1,000 = A \times a_{\overline{3|} i = 0.05} = A \times 2.723$

$\therefore \ A \fallingdotseq 367.24$

3년 동안 지급한 총액 $= 367.24 \times 3 = 1,101.72$

3년간 지급한 이자 = 3년 동안 지급한 총액 $-$ 대출금 $= 1,101.72 - 1,000 = 101.72 \fallingdotseq 102$

답 ④

23 다음 중 옳은 것을 모두 고르시오.

> (가) $\overset{\circ}{e}_{x:\overline{n}|} \le \overset{\circ}{e}_x$
>
> (나) $\overset{\circ}{e}_{x:\overline{n}|} = \int_0^n t \cdot {}_tp_x \,\mu_{x+t}\,dt$
>
> (다) $\overset{\circ}{e}_x = \overset{\circ}{e}_{x:\overline{n}|} + {}_np_x\,\overset{\circ}{e}_{x+n}$

① 가   ② 가, 다

③ 나, 다   ④ 가, 나, 다

[해설] (가), (다)는 다음에 의해서 참임을 알 수 있다.

$$\overset{\cdot}{e}_x = \int_0^\infty {}_tp_x\,dt = \int_0^n {}_tp_x\,dt + \int_n^\infty {}_tp_x\,dt = \overset{\cdot}{e}_{x:\overline{n}|} + {}_{n|}\overset{\cdot}{e}_x = \overset{\cdot}{e}_{x:\overline{n}|} + {}_np_x\,\overset{\cdot}{e}_{x+n}$$

$${}_np_x\,\overset{\cdot}{e}_{x+n} \ge 0 \quad \therefore \quad \overset{\cdot}{e}_x \ge \overset{\cdot}{e}_{x:\overline{n}|}$$

(나)는 다음에 의해서 거짓임을 알 수 있다.

$$\overset{\cdot}{e}_{x:\overline{n}|} = \int_0^n {}_tp_x\,dt = \int_0^n t\,{}_tp_x\mu_{x+t}\,dt + \int_n^\infty n\,{}_tp_x\mu_{x+t}\,dt \ne \int_0^n t\,{}_tp_x\mu_{x+t}\,dt$$

[답] ②

24 선택기간이 2년인 생명표에 대해 다음이 성립할 때, $e_{[80]}$을 구하시오.

> (가) $e_{80} = 6$
>
> (나) $q_{80} = 0.1$, $q_{81} = 0.12$
>
> (다) $q_{[x]} = (0.8)q_x$, $q_{[x]+1} = (0.9)q_{x+1}$

① 6.0   ② 6.2

③ 6.4   ④ 6.6

[해설] $p_{80} = 1 - q_{80} = 1 - 0.1 = 0.9$

$p_{81} = 1 - q_{81} = 1 - 0.12 = 0.88$

$p_{[80]} = 1 - q_{[80]} = 1 - 0.8 \times q_{80} = 1 - 0.8 \times 0.1 = 0.92$

$p_{[80]+1} = 1 - q_{[80]+1} = 1 - 0.9 \times q_{80+1} = 1 - 0.9 \times 0.12 = 0.892$

$e_{80} = p_{80} + {}_2p_{80} + {}_2p_{80}e_{82} = p_{80} + p_{80}p_{81} + p_{80}p_{81}e_{82}$

$\quad = 0.9 + 0.9 \times 0.88 + 0.9 \times 0.88 \times e_{82} = 6$

$\therefore e_{82} \coloneqq 5.44$

$e_{[80]} = p_{[80]} + p_{[80]}p_{[80]+1} + p_{[80]}p_{[80]+1}e_{82}$

$\quad = 0.92 + 0.92 \times 0.892 + 0.92 \times 0.892 \times 5.44 \coloneqq 6.205$

[답] ②

25 다음 중 $\dfrac{d}{dx}\,{}_tp_x$와 같은 것을 고르시오.

(2018년)

① ${}_tp_x(\mu_x - \mu_{x+t})$ ② $-{}_tp_x(\mu_x - \mu_{x+t})$

③ ${}_tp_x\mu_{x+t}$ ④ $-{}_tp_x\mu_{x+t}$

해설
$${}_tp_x = e^{-\int_0^t \mu_{x+s}ds}$$

$$\frac{d}{dx}\,{}_tp_x = \frac{d}{dx}\left(e^{-\int_0^t \mu_{x+s}ds}\right) = e^{-\int_0^t \mu_{x+s}ds} \times \frac{d}{dx}\left(-\int_0^t \mu_{x+s}ds\right) = e^{-\int_0^t \mu_{x+s}ds} \times (\mu_x - \mu_{x+t}) = {}_tp_x(\mu_x - \mu_{x+t})$$

답 ①

26 연령 $[x,\ x+1)$에서 단수부분에 대해 사력이 일정(CFM)하다고 가정하여 ${}_{0.5}q_{x+0.3} = 0.2$를 얻었다. 만약 단수부분에 대해 사망자수 균등분포(UDD)를 가정할 때 ${}_{0.5}p_x$를 구하시오.

(2018년)

① 0.80 ② 0.81

③ 0.82 ④ 0.83

해설 단수부분에 대해 사력이 일정(CFM)하다고 가정
$${}_{0.5}q_{x+0.3} = 1 - e^{0.5\mu} = 1 - (e^\mu)^{0.5} = 1 - (p_x)^{0.5} = 0.2$$
$$\therefore\ p_x = 0.64,\ q_x = 0.36$$
단수부분에 대해 사망자수 균등분포(UDD)를 가정
$${}_{0.5}p_x = 1 - {}_{0.5}q_x = 1 - 0.5 \times q_x = 1 - 0.5 \times 0.36 = 0.82$$

답 ③

27 $q_x = 0.1$, $q_{x+1} = 0.2$이고, 단수부분에 대해 사망자수 균등분포(UDD)를 가정한다. 장래생존기간 $T(x)$의 확률밀도함수를 $f(t)$라 할 때, $f(1.5)$를 구하시오.

(2018년)

① 0.14 ② 0.16

③ 0.18 ④ 0.2

해설 단수부분에 대해 사망자수 균등분포(UDD)를 가정한다.
장래생존기간 $T(x)$의 확률밀도함수는 $f(t) = {}_tp_x\mu_{x+t}$ 이다.
$$\therefore\ f(1.5) = {}_{1.5}p_x\mu_{x+1.5} = {}_1p_x \cdot {}_{0.5}p_{x+1} \cdot \mu_{(x+1)+0.5}$$
$$= (1-0.1) \times (1 - 0.5 \times 0.2) \times \frac{0.2}{1 - 0.5 \times 0.2} = 0.9 \times 0.9 \times \frac{2}{9} = 0.18$$

답 ③

28 정기보험의 현가확률변수를 Z_1, 생사혼합보험의 현가확률변수를 Z_2라 할 때 $E[Z_1 Z_2]$를 구하시오(단, 만기는 n년이고, 사망연도 말 또는 만기에 지급되는 보험금은 1이다). (2018년)

① $^2A^1_{x:\overline{n}|}$

② $^2A_{x:\overline{n}|}$

③ $A^1_{x:\overline{n}|} - A_{x:\overline{n}|}$

④ $^2A^1_{x:\overline{n}|} - A^1_{x:\overline{n}|}A_{x:\overline{n}|}$

[해설] $Z_1 = \begin{cases} v^{k+1}, & 0 \le k < n \\ 0, & n \le k \end{cases}$ $Z_2 = \begin{cases} v^{k+1}, & 0 \le k < n \\ v^n, & n \le k \end{cases}$

$Z_1 Z_2 = \begin{cases} v^{2(k+1)}, & 0 \le k < n \\ 0, & n \le k \end{cases}$

$\therefore E(Z_1 Z_2) = \sum_{k=0}^{n-1} v^{2(k+1)} \,_{k|}q_x = \,^2A^1_{x:\overline{n}|}$

답 ①

29 사망즉시보험금 1이 지급되는 종신보험에 1,200명이 동시에 가입하였다.

> (가) 기금 F는 보험가입 시 1,200명으로부터 받은 일시납보험료의 총합이다.
> (나) 사력 $\mu = 0.04$, 이력 $\delta = 0.04$
> (다) 1,200명의 장래생존기간은 서로 독립이다.
> (라) $P(Z \le 1.645) = 0.95$, 단 Z는 표준정규분포를 따르는 확률변수이다.

이때 정규근사 95%의 신뢰도로 위의 기금이 사망보험금을 지급하기에 충분할 F의 최솟값을 구하시오.

(2018년)

① 616.45

② 629.38

③ 643.38

④ 683.45

[해설] $Z_i = v^t, \ 0 \le t$

$F = Z_1 + Z_2 + \cdots + Z_{1,200}, \ 0 \le t$

$E(Z_i) = \int_0^\infty v^t \,_t p_x \mu_{x+t}\,dt = \int_0^\infty e^{-\delta t}e^{-\mu t}\mu\,dt = \dfrac{\mu}{\delta + \mu} = \dfrac{1}{2}$

$E(Z_i^2) = \int_0^\infty (v^{2t}) \,_t p_x \mu_{x+t}\,dt = \int_0^\infty e^{-2\delta t}e^{-\mu t}\mu\,dt = \dfrac{\mu}{2\delta + \mu} = \dfrac{1}{3}$

$V(Z_i) = E(Z_i^2) - E(Z_i)^2 = \dfrac{1}{3} - \left(\dfrac{1}{2}\right)^2 = \dfrac{1}{12}$

$E(F) = E(Z_1 + Z_2 + \cdots + Z_{1,200}) = 1,200 \times E(Z_i) = 1,200 \times \dfrac{1}{2} = 600$

$V(F) = V(Z_1 + Z_2 + \cdots + Z_{1,200}) = V(Z_1) + V(Z_2) + \cdots + V(Z_{1,200}) \ (\because 서로 독립)$

$\quad = 1,200 V(Z_i) = 1,200 \times \dfrac{1}{12} = 100$

전체 기금을 k라 하면

$P(F < k) = P\left(Z < \dfrac{k - E(F)}{\sqrt{V(F)}}\right) = P\left(Z < \dfrac{k - 600}{\sqrt{100}}\right) = 0.95$

$\therefore \dfrac{k - 600}{\sqrt{100}} = \dfrac{k - 600}{10} = 1.645$

$\therefore k = 616.45$

답 ①

30 나이가 50세인 사람이 보험금 1이 사망 즉시 지급되는 종신보험에 가입하였다. 사망보험금의 현가를 Z라 할 때 다음 조건하에서 $P(Z < \overline{A}_{50})$을 구하시오. (2018년)

> (가) $_{t}p_{50} = 1 - \dfrac{t}{50}$, $0 \le t \le 50$
>
> (나) 이력 $\delta = 0.02$
>
> (다) $e^{-1} = 0.3679$, $\ln(0.6321) = -0.4587$

① 0.4112   ② 0.4936

③ 0.5413   ④ 0.6264

[해설] $Z = v^{t}$, $0 \le t < 50$

$$\overline{A}_{50} = \int_{0}^{50} v^{t}\, _{t}p_{50}\, \mu_{50+t}\, dt = \int_{0}^{50} v^{t}\, \frac{1}{50}\, dt \quad (\because \text{조건 (가)는 한계연령 } \omega = 100 \text{인 De Moivre 법칙})$$

$$= \frac{a_{\overline{n}|}}{50} = \frac{\dfrac{1 - v^{50}}{\delta}}{50} = \frac{1 - v^{50}}{50 \times \delta} = \frac{1 - (e^{-\delta})^{50}}{50 \times \delta} = \frac{1 - e^{-0.1}}{50 \times 0.02} = 0.6321$$

$$P(Z < \overline{A}_{50}) = P(v^{t} < 0.6321) = P\left(t > \frac{\ln 0.6321}{\ln v} = 22.935\right) = {}_{22.935}p_{50} = \frac{50 - 22.935}{50} = 0.5413$$

답 ③

---

31 확률변수 Y는 다음 조건의 기시급 2년 유기생명연금(2-year term life annuity-due) 지급액의 현가를 나타낸다. 이때 $Var(Y)$를 구하시오. (2018년)

> (가) $v = 0.9$
>
> (나) $p_{x} = 0.8$, $p_{x+1} = 0.6$
>
> (다) t시점의 연금지급액은 아래와 같다.

t	0	1
b_{t}	2	3

① 0.89   ② 1.17

③ 1.52   ④ 2.34

[해설] $Y = \begin{cases} 2 & , \ t = 0 \\ 2 + 3v, & t \ge 1 \end{cases}$

$E(Y) = 2 \times q_{x} + (2 + 3v) \times p_{x} = 2 \times 0.2 + (2 + 3 \times 0.9) \times 0.8 = 4.16$

$E(Y^{2}) = 2^{2} \times q_{x} + (2 + 3v)^{2} \times p_{x} = 2^{2} \times 0.2 + (2 + 3 \times 0.9)^{2} \times 0.8 = 18.472$

$V(Y) = E(Y^{2}) - E(Y)^{2} = 18.472 - 4.16^{2} = 1.1664 \doteqdot 1.17$

답 ②

32 다음 조건하에서 $_{10|}\overline{a}_x$를 구하시오.

(2018년)

> (가) $A_{x+10} = 0.3$
>
> (나) $_{10}E_x = 0.6$
>
> (다) 이자율 $i = 0.06$, 이력 $\delta = 0.05827$
>
> (라) 단수부분에 대해 사망자수 균등분포(UDD)를 가정함

① 6.88   ② 6.96

③ 7.04   ④ 7.12

해설 $\overline{A}_{x:\overline{10}|} = \dfrac{i}{\delta} A_{x+10} = \dfrac{0.06}{0.05827} \times 0.3 \fallingdotseq 0.309$ ($\because$ UDD 가정)

$$\overline{a}_{x+10} = \frac{1 - \overline{A}_{x+10}}{\delta} = \frac{1 - 0.309}{0.05827} \fallingdotseq 11.859$$

$$\therefore \ _{10|}\overline{a}_x = \ _{10}E_x \cdot \overline{a}_{x+10} = 0.6 \times 11.859 = 7.1154 \fallingdotseq 7.12$$

답 ④

---

33 다음과 같은 가정을 이용하여 $\overline{A}_{x+10}$을 구하시오.

(2018년)

> (가) 모든 연령 $x \geq 0$에 대하여 $\mu_x = \mu$로 상수이다.
>
> (나) (x)의 장래생존기간을 $T(x)$라 할 때 $Var(T(x)) = 2,500$이다.
>
> (다) 이력 $\delta = 0.03$

① 0.35   ② 0.40

③ 0.45   ④ 0.50

해설   조건 (가)에 의해 CFM이라는 사실을 알 수 있다. 조건 (나)에 의해 μ를 구해보면

$$V(T(x)) = E(T(x)^2) - E(T(x))^2 = 2,500$$

$$E(T(x)) = \int_0^\infty t \,_t p_x \mu_{x+t} dt = \int_0^\infty t e^{-\mu t} \mu dt = \left[t \cdot (-e^{-\mu t}) \right]_0^\infty - \int_0^\infty (-e^{-\mu t}) dt = -\left[\frac{1}{\mu} e^{-\mu t} \right]_0^\infty = \frac{1}{\mu}$$

$$E(T(x)^2) = \int_0^\infty t^2 \,_t p_x \mu_{x+t} dt = \int_0^\infty t^2 e^{-\mu t} \mu dt$$

$$= \left[t^2 \cdot (-e^{-\mu t}) \right]_0^\infty - \int_0^\infty 2t \cdot (-e^{-\mu t}) dt$$

$$= -2 \left\{ \left[t \cdot \left(\frac{1}{\mu} e^{-\mu t} \right) \right]_0^\infty - \int_0^\infty \frac{1}{\mu} e^{-\mu t} dt \right\} = \frac{2}{\mu} \left[-\frac{1}{\mu} e^{-\mu t} \right]_0^\infty = \frac{2}{\mu^2}$$

$$\therefore \ V(T(x)) = E(T(x)^2) - E(T(x))^2 = \frac{2}{\mu^2} - \left(\frac{1}{\mu} \right)^2 = \frac{1}{\mu^2} = 2,500$$

$$\therefore \ \mu = \frac{1}{50} = 0.02$$

따라서 $\overline{A}_{x+10} = \int_0^\infty v^t \,_t p_{x+10} \mu_{x+10+t} dt = \int_0^\infty e^{-\delta t} e^{-\mu t} \mu dt = \dfrac{\mu}{\delta + \mu} = \dfrac{0.02}{0.03 + 0.02} = 0.4$

답 ②

34 다음의 조건이 주어져 있을 때 $P_{x:\overline{5|}}$를 구하시오.

(2018년)

(가) $P^1_{x:\overline{5|}} = 0.008$

(나) $P_x = 0.053$

(다) $_5V_x = 0.135$

① 0.339　　　　　　　　　　　　② 0.341

③ 0.353　　　　　　　　　　　　④ 0.364

[해설]

$$P_x = P^1_{x:\overline{n|}} + {_nV_x} \cdot P_{x:\frac{1}{n|}} \qquad \therefore P_{x:\frac{1}{n|}} = \frac{P_x - P^1_{x:\overline{n|}}}{_nV_x}$$

$$P_{x:\overline{n|}} = P^1_{x:\overline{n|}} + P_{x:\frac{1}{n|}}$$

$$P_{x:\frac{1}{5|}} = \frac{P_x - P^1_{x:\overline{5|}}}{_5V_x} = \frac{0.053 - 0.008}{0.135} \fallingdotseq 0.333$$

$$\therefore P_{x:\overline{5|}} = P^1_{x:\overline{5|}} + P_{x:\frac{1}{5|}} = 0.008 + 0.333 = 0.341$$

답 ②

35 피보험자(50), 보험금 1,000, 전기납, 완전연속(fully continuous) 종신보험을 고려해 보자. 상품개발 시 순보험료 산출에 상수사력 $\mu_{50+t} = 0.02$를 가정하였지만, 실제 사망률은 한계연령 $\omega = 100$인 De Moivre의 사망법칙을 따르는 것으로 알려졌다. 상품개발 시 책정된 순보험료를 그대로 이용하고 실제 사망률을 적용했을 때 보험가입 시점에서 미래손실 $_0L$의 기댓값을 구하시오(단, 이력 $\delta = 0.02$, $e^{-1} = 0.3679$).

(2018년)

① 0　　　　　　　　　　　　　　② 264.20

③ 356.58　　　　　　　　　　　④ 449.32

[해설] 상품개발 시 순보험료 산출에 상수사력을 가정하였다는 것은 CFM을 이용하였다는 것으로 CFM을 이용해 순보험료를 구해보면

$$\overline{P}_{50} = \frac{1,000\overline{A}_{50}}{\overline{a}_{50}} = \frac{1,000\dfrac{\mu}{\delta+\mu}}{\dfrac{1}{\delta+\mu}} = 1,000\mu = 1,000 \times 0.02 = 20 \text{이 된다.}$$

실제 사망률인 한계연령 $\omega = 100$인 De Moivre 법칙을 적용했을 때 보험가입시점 미래손실 $_0L$의 기댓값을 구해보면

$$_0L = 1,000v^t - 20\overline{a}_{\overline{t|}}, \ 0 \le t$$

$$E(_0L) = 1,000\overline{A}_{50} - 20\overline{a}_{50} = 1,000 \times 0.6321 - 20 \times 18.395 = 264.2$$

$$\therefore \overline{A}_{50} = \int_0^{50} v^t \, {_tp_x}\mu_{50+t}dt = \int_0^{50} v^t \frac{1}{50}dt = \frac{\overline{a}_{\overline{50|}}}{50} = \frac{\dfrac{1-v^{50}}{\delta}}{50} = \frac{1-\left(e^{-\delta}\right)^{50}}{50 \times \delta} = \frac{1 - e^{-0.1}}{50 \times 0.02} = 0.6321$$

$$\overline{a}_{50} = \frac{1 - \overline{A}_{50}}{\delta} = \frac{1 - 0.6321}{0.02} = 18.395$$

답 ②

36 다음 조건하에서 $\overline{P}(\overline{A}_x)$를 구하시오. (2018년)

(가) 이력 $\delta = 0.05$

(나) $_t p_x = \dfrac{1}{2} e^{-0.05t} + \dfrac{1}{2} e^{-0.15t}$, $t \geq 0$

---

① $\dfrac{1}{8}$　　　　　　　　　　② $\dfrac{1}{10}$

③ $\dfrac{1}{12}$　　　　　　　　　　④ $\dfrac{1}{14}$

[해설] $\dfrac{d}{dt} \, _t p_x = - \, _t p_x \mu_{x+t}$

$_t p_x \mu_{x+t} = -\dfrac{d}{dt} \, _t p_x = -\dfrac{d}{dt} \left(\dfrac{1}{2} e^{-0.05t} + \dfrac{1}{2} e^{-0.15t} \right) = 0.025 e^{-0.05t} + 0.075 e^{-0.15t}$

$\overline{A}_x = \displaystyle\int_0^\infty v^t \, _t p_x \mu_{x+t} \, dt = \int_0^\infty e^{-\delta t} \left(0.025 e^{-0.05t} + 0.075 e^{-0.15t} \right) dt$

$= \displaystyle\int_0^\infty e^{-0.05t} \left(0.025 e^{-0.05t} + 0.075 e^{-0.15t} \right) dt = \int_0^\infty 0.025 e^{-0.1t} + 0.075 e^{-0.2t} \, dt$

$= 0.025 \left[-\dfrac{1}{0.1} e^{-0.1t} \right]_0^\infty + 0.075 \left[-\dfrac{1}{0.2} e^{-0.2t} \right]_0^\infty = 0.25 + 0.375 = 0.625$

$\overline{a}_x = \dfrac{1 - \overline{A}_x}{\delta} = \dfrac{1 - 0.625}{0.05} = 7.5$

$\therefore \overline{P}(\overline{A}_x) = \dfrac{\overline{A}_x}{\overline{a}_x} = \dfrac{0.625}{7.5} = \dfrac{625}{7500} = \dfrac{1}{12}$

답 ③

37 다음 조건하에서 $1,000\,_{27}V_{x\,:\,\overline{30|}}$을 구하시오.

t	$1,000\,_{27}V_{x\,:\,\overline{30|}}$	q_{x+t-1}
28	812.20	0.02
29	902.38	0.03

① 706.36　　　　　　　　　　　② 718.85
③ 727.12　　　　　　　　　　　④ 730.35

해설

$$_tV_{x\,:\,\overline{n|}} = 1 - \frac{\ddot{a}_{x+t\,:\,\overline{n-t|}}}{\ddot{a}_{x\,:\,\overline{n|}}}$$

$$_{29}V_{x\,:\,\overline{30|}} = 1 - \frac{\ddot{a}_{x+29\,:\,\overline{1|}}}{\ddot{a}_{x\,:\,\overline{30|}}} = 1 - \frac{1}{\ddot{a}_{x\,:\,\overline{30|}}} = 0.90238 \qquad \therefore \ddot{a}_{x\,:\,\overline{30|}} \fallingdotseq 10.2438$$

$$_{28}V_{x\,:\,\overline{30|}} = 1 - \frac{\ddot{a}_{x+28\,:\,\overline{2|}}}{\ddot{a}_{\overline{30|}}} = 1 - \frac{1+vp_{28}}{\ddot{a}_{x\,:\,\overline{30|}}} = 1 - \frac{1+0.97v}{10.2438} = 0.8122 \qquad \therefore v \fallingdotseq 0.9523$$

$$_{27}V_{x\,:\,\overline{30|}} = 1 - \frac{\ddot{a}_{x+27\,:\,\overline{3|}}}{\ddot{a}_{x\,:\,\overline{30|}}} = 1 - \frac{1+vp_{27}+v^2\,_2p_{27}}{\ddot{a}_{x\,:\,\overline{30|}}}$$

$$= 1 - \frac{1+0.9523\times0.98+0.9523^2\times0.98\times0.97}{10.2438} \fallingdotseq 0.72712$$

$$\therefore\ 1,000\,_{27}V_{x\,:\,\overline{30|}} = 1,000\times0.72712 = 727.12$$

답 ③

38 나이가 40세인 사람이 다음의 종신연금에 가입했을 때 제10보험연도 말 순보험료식 책임준비금을 구하시오.

> (가) 가입 후 20년 동안 매년 초 평준순보험료를 납입함
> (나) 종신연금 60세부터 매년 초 1을 지급함
> (다) $\ddot{a}_{40}=14.8$, $\ddot{a}_{50}=13.3$, $\ddot{a}_{60}=11.1$, $_{10}E_{40}=0.55$, $_{10}E_{50}=0.50$

① 3.2　　　　　　　　　　　② 3.5
③ 3.8　　　　　　　　　　　④ 4.1

해설

$$\ddot{a}_{40} = \ddot{a}_{40\,:\,\overline{20|}} + \,_{20|}\ddot{a}_{40} = \ddot{a}_{40\,:\,\overline{20|}} + \,_{20}E_{40}\ddot{a}_{60}$$

$$\therefore\ \ddot{a}_{40\,:\,\overline{20|}} = \ddot{a}_{40} - \,_{20}E_{40}\ddot{a}_{60} = \ddot{a}_{40} - \,_{10}E_{40}\,_{10}E_{50}\ddot{a}_{60} = 14.8 - 0.55\times0.5\times11.1 = 11.7475$$

$$\ddot{a}_{50} = \ddot{a}_{50\,:\,\overline{10|}} + \,_{10|}\ddot{a}_{50} = \ddot{a}_{50\,:\,\overline{10|}} + \,_{10}E_{50}\ddot{a}_{60}$$

$$\therefore\ \ddot{a}_{50\,:\,\overline{10|}} = \ddot{a}_{50} - \,_{10}E_{50}\ddot{a}_{60} = 13.3 - 0.5\times11.1 = 7.75$$

$$P = \frac{_{20|}\ddot{a}_{40}}{\ddot{a}_{40\,:\,\overline{20|}}} = \frac{_{20}E_{40}\ddot{a}_{60}}{\ddot{a}_{40\,:\,\overline{20|}}} = \frac{0.55\times0.5\times11.1}{11.7475} = \frac{3.0525}{11.7475} \fallingdotseq 0.26$$

$$\therefore\ _{10}V = \,_{10|}\ddot{a}_{50} - P\ddot{a}_{50\,:\,\overline{10|}} = \,_{10}E_{50}\ddot{a}_{60} - P\ddot{a}_{50\,:\,\overline{10|}} = 0.5\times11.1 - 0.26\times0.75 = 3.535$$

답 ②

39 나이가 50세인 사람이 사망연도 말에 보험금 1이 지급되는 종신보험에 가입했다. 다음 조건하에서 제10 보험연도 초 순보험료식 책임준비금(initial reserve)을 구하시오.

(가) 이자율 $i = 0.05$

(나) 한계연령 $\omega = 100$인 De Moivre의 사망법칙을 따름

(다) 10년 동안 매년 초 보험료가 납입됨

(라) $a_{\overline{50}} = 18.26$, $a_{\overline{40}} = 17.16$, $\ddot{a}_{50:\overline{10}} = 7.44$

---

① 0.42   ② 0.44

③ 0.46   ④ 0.48

[해설] De Moivre 사망법칙에 의해 계산을 하면

$$_{10}V = A_{60} = \frac{a_{\overline{40}}}{40} = \frac{17.16}{40} = 0.429$$

$$q_{59} = \frac{1}{100-59} = \frac{1}{41}$$

$$p_{59} = 1 - q_{59} = \frac{40}{41}$$

∴ 순보험료의 분해와 재귀식에 의해 제10보험연도 초 순보험료식 책임준비금을 구하면

$$_9V + P = vq_{59} + vp_{59} \cdot {}_{10}V = \frac{1}{1.05} \times \frac{1}{41} + \frac{1}{1.05} \times \frac{40}{41} \times 0.429 \fallingdotseq 0.4218$$

답 ①